춤추는 평신도 막나가는 평신도

배창돈 제자 훈련 시리즈 2

춤추는 평신도 막나가는 평신도

배 창 돈

1판 1쇄 / 2005. 1. 3
발행처 / 말씀과만남
발행인 / 최 헌 근
등록번호 / 제20-444호
등록일자 / 1991. 6. 19

138-220 서울특별시 송파구 잠실동 339-3
Tel : (031)594-6327, Fax : (031) 594-6328
전자우편 : mmpress@hanmail.net

ISBN 89-7508-149-4 (03230)

정가 : 7,000원
잘못된 책은 바꾸어 드립니다.

배창돈 제자 훈련 시리즈 2

춤추는 평신도
막나가는 평신도

배창돈 지음

말씀과만남

머리말

사람들이 모인 곳에는 어디나 문제가 생기기 마련입니다. 교회도 예외는 아닙니다. 교회 안에는 여러 종류의 사람들이 있습니다. 빈부의 차이, 지식의 차이, 성격의 차이, 출신 지역의 차이, 나이의 차이 등 아무리 보아도 공통분모를 찾을 수 없습니다. 그러나 그리스도 안에서 복음으로 변화되어 한 몸 된 지체가 될 때 세상을 변화시키는 힘을 가집니다.

예수님께서도 십자가에 달려 돌아가시기 전에 하나가 되어 세상에 복음을 전하게 해 달라고 간절히 기도하셨습니다.

"아버지께서 내 안에 내가 아버지 안에 있는 것같이 저희도 다 하나가 되어 우리 안에 있게 하사 세상으로 아버지께서 나를 보내신 것을 믿게 하옵소서"(요 17:21)

하나가 된 교회는 가장 강력한 힘을 발휘할 수 있습니다. 그러나 하나가 되지 못하면 아무 일도 할 수 없습니다.

주님의 몸 된 교회를 섬기면서 수많은 평신도를 보게 됩니다. 내면의 상처가 해결되지 않아서 다른 사람에게 쉽게 상처를 받고 상처를 주는 사람들이 있는가 하면, 신앙의 스타일이나 성격이 달라서 함께 사역하는 중에 부딪힘으로 힘들어하는 경우도 있습니다.

처음 목회를 할 때는 내 힘으로 해보려고 했지만 모두가 다 실패였습니다. 그러나 제자훈련을 하면서 말씀 앞에 자신을 내어놓기 시작할 때 신기할 정도로 해결되었습니다. 막나가던 사람이 삶의 균형을 잡고 기쁨과 평안함을 얻어서 다른 사람에게까지 좋은 영향력을 끼치기 시작했습니다. 도무지 종잡을 수 없었던 사람들이 변하기 시작한 것입니다.

제자훈련을 시작한지 17년째, 참으로 많은 문제를 보았고 많은 사람들을 보았습니다. 그러나 예수 그리스도 안에서는 결코 문제가 아니었습니다. 하나님의 말씀 앞에서 웃고 울며 지낸 은혜의 시간인 제자훈련을 통해 평신도들이 변하기 시작했습니다. 막나가던 사람이 기쁨의 춤을 추었습니다. 그들의 춤은 모든 사람에게 탄성을 자아내도록 하였습니다.

　이 책에서는 평신도들이 각자의 문제를 깨닫고 말씀으로 치료
되기를 원하는 마음으로 기록한 내용들을 모았습니다. 막나가던
평신도가 기뻐하며 춤추는 평신도로 변하기를 소원하며 이 글을
썼습니다. 오직 이 글이 건강한 그리스도인이 되는데 큰 도움이
되고 하나님께 영광을 돌려드리가를 바랄 뿐입니다.

　끝으로 평생 동역자로 지금까지 함께한 사랑하는 아내와 기도
동역자인 두 아들 진과 현에게 감사의 마음을 전하며, 너무나 사
랑하는 평택대광교회의 평신도 동역자들과 '말씀과 만남'의 최
헌근 사장님께 감사를 드립니다.

2005년 1월

평택에서 배창돈

❂
차 례

Dancing Laity Unruly Laity

Dancing Laity Unruly Laity

춤추는 평신도 막나가는 평신도

1

춤추는 평신도
막나가는 평신도

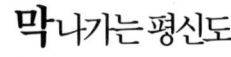

　세계를 감동시킨 발레리나 강수진은 스물한 살 때 세계적인 슈투트가르트 발레단에 최연소 입단 단원이 되었을 뿐 아니라 수석 발레리나가 되고, 발레리나로서 최고의 영예인 브누아 드 라 당스 상을 수상했다.

　강수진은 하루에 24시간 중 16시간을 춤을 춘다고 한다. 남는 다섯 시간은 잠자기, 메이크업, 옷 갈아입기, 먹기, 이동, 샤워 등을 하는데 쓴다고 한다. 그리고 하루에 버리는 토 슈즈가 세 켤레나 된다고 한다. 발레리나는 발끝이 너무 아파서 생고기를 넣은 채로 춤을 춘다고 한다.

　강수진의 발톱은 세 번째 발가락부터 찾아보기가 힘들게 징그

럽다고 한다. 그의 아름다운 얼굴과 가장 대칭점에 위치한 제2의 얼굴은 그의 발가락이다. 그의 전 무용동료이자 남편인 툰치 쇼크만은 그의 발가락 사진을 찍으면서 "피카소적으로 변해간다"고 했다고 한다. 스스로도 "요즘은 더 못생겨졌다. 하루하루 더 기형적으로 변해간다"고 말할 정도이지만 그 끔찍하게 일그러진 발가락이 발레리나 강수진을 받쳐주는 뿌리라는 사실은 부인할 수 없다.

강수진의 춤은 굉장히 아름답다. 그래서 많은 사람들을 열광시킨다. 그러나 그의 아름다운 춤 뒤편에는 끊임없는 훈련과 고통의 시간이 있었다. 일그러진 발가락이 그것을 보여주고 있다.

오늘날 우리는 너무 쉽게 영광과 복 받기를 원하고, 희생하고 헌신하기는 싫어하는 시대를 살고 있다. 그러나 감격의 열매를 얻기까지는 눈물과 수고가 반드시 있어야 한다.

건강한 교회, 아름다운 교회는 그냥 이루어지는 것이 아니다. 한 사람 한 사람의 변화와 성숙이 모여서 그 모습을 드러내게 된다. 예수님은 성숙한 제자들을 만들기 위해 3년 동안 훈련을 시키셨다. 그들은 하고 싶은 것을 과감하게 포기했다. 어떤 때는 고난과 핍박도 감수했다. 그렇게 얻은 열매는 뿌린 수고의 시간과 눈물보다 더 값진 것들이었다.

제자들은 끊임없는 경건의 연습을 통해 만민에게 복음을 전했다. 오늘 우리가 바로 그 열매인 것이다. "울며 씨를 뿌리러 나가

는 자는 정녕 기쁨으로 그 단을 가지고 돌아오리로다"(시 126:6)

성도들은 끝임 없는 경건 훈련을 통해 자신을 살펴야 한다. 말씀 앞에서 자신의 모습을 자주 보지 않으면 자신의 모습을 알 수가 없다. 거울을 보지 않으면 머리가 헝클어져 있어도, 얼굴에 뭐가 묻어 있어도 알 수가 없는 것과 같다. 그래서 자주 영혼의 거울인 하나님의 말씀을 보아야 한다. 아름다운 춤을 추는 발레리나는 거울을 보면서 연습한다고 한다. 외모를 보기 위해서 그렇게 자주 거울을 본다면 우리의 내면을 바로 잡기 위해서도 하나님의 말씀인 성경을 자주 보아야 한다.

"하나님의 말씀은 살았고 운동력이 있어 좌우에 날선 어떤 검보다도 예리하여 혼과 영과 및 관절과 골수를 찔러 쪼개기까지 하며 또 마음의 생각과 뜻을 감찰하나니 지으신 것이 하나라도 그 앞에 나타나지 않음이 없고 오직 만물이 우리를 상관하시는 자의 눈앞에 벌거벗은 것같이 드러나느니라"(히 4:12-13)

하나님의 말씀 앞에서 자신의 문제를 발견했으면 즉시 고쳐야 한다. 그러나 대부분의 성도들은 듣고 본 말씀을 잊어버린다. 주일날 예배를 드리고 나오면서 만나는 사람들과 반갑게 인사를 하며 설교의 내용을 지우개로 지우는 경우가 얼마나 많은가? 많은 평신도들이 그렇게 사는지 모른다. 단지 말씀을 들은 것으로 만족하는 것이다.

하나님은 계속해서 주신 말씀을 행하라고 말씀하신다. 하나님의 말씀을 듣고 행하지 않으면 자신을 속이는 것이라고 했다.

"너희는 도를 행하는 자가 되고 듣기만 하여 자신을 속이는 자가 되지 말라" (약 1:22)

하나님의 말씀을 듣기만 하는 성도들 때문에 주님의 몸 된 교회가 아파한다. 자신이 아파하고 지체들이 아파하고 교회가 아파한다. 들으면 알지만 감동이 없다. 하나님을 경험하지 못한다. 그러니 매너리즘에 빠질 수밖에 없다. 습관적인 신앙생활만 한다. 매일 들어도 행함이 없기에 말씀을 통한 치료는 기대할 수 없다.

사람들은 본래 많은 크고 작은 상처를 가지고 있다. 특히 내면의 상처일 경우 하나님의 말씀으로 치료받고 해결 받지 못하면 더 큰 상처를 입게 된다. 이런 자들은 자신만 상처를 받는 것이 아니라 다른 사람에게까지 가시노릇을 하게 된다. 자신은 다른 사람으로부터 언제나 상처를 받고 있다고 생각한다. 그리고 미워하고 공격한다. 사실 엄밀히 보면 상처를 주는 자는 없다. 내가 스스로 상처를 받을 뿐이다. 같은 사람의 말이나 행동을 보며 어떤 사람은 상처를 받지만 어떤 사람은 전혀 상처를 받지 않는다.

하나님의 말씀은 치료하는 정도가 아니라 영적으로 성숙하여 강한 군사가 되도록 한다. 그러므로 하나님의 말씀을 보는 것으로 끝내는 것이 아니라 하나님의 말씀을 먹어야 한다. 하나님의 말씀을 먹는다는 것은 행한다는 말이다. 다른 말로는 경험하라는 것이다. 하나님의 말씀을 많이 경험할수록 신앙이 성장하게 된다. 어린아이 같은 신앙을 가지면 하나님의 말씀을 경험하지 못할 뿐 아니라 하나님과 깊은 교제를 할 수 없기에 하나님을 알 수가 없다.

"대저 젖을 먹는 자마다 어린아이니 의의 말씀을 경험하지 못한 자요" (히 5:13)

하나님의 말씀을 경험하지 못한 자들은 자신의 생각과 감정에 따라 신앙생활을 한다. 그리고 자기중심적이다.

교회 안에서 지켜야 할 가장 중요한 것이 질서이다. 질서가 무너지면 아름다움과 향기를 기대할 수 없다. 더더욱 복음의 힘을 발휘할 수 없다. 이 질서도 하나님의 말씀에 순종하는 자들이 지킬 수 있다. 결국 영적으로 성숙하지 못하면 자기의 뜻과 기분대로 하는 막나가는 신앙생활을 할 수밖에 없는 것이다.

그러나 영적으로 성숙해지면 다른 사람들에게 감탄과 감동을 주는 춤을 출 수가 있다. 이 능숙한 춤은 자신을 죽이는 훈련과 끊임없는 경건 훈련을 통해서만 출 수 있다.

하나님은 어떤 불치의 병을 가진 문제라도 말씀으로 고치신다. 그 놀라운 말씀의 능력 때문에 오늘도 여전히 제자훈련을 지속하고 있는 것이다. 변화된 수없이 많은 사람들을 보며 하나님을 찬양하지 않을 수 없다. 하나님의 말씀으로 변하지 않은 막나가는 평신도들이었다면 어떻게 22년을 함께할 수 있었겠는가? 이제 그들은 춤을 춘다. 기뻐서 춤을 춘다. 그리고 다른 사람들에게 그 춤을 보여 주며 감동을 준다. 그리고 함께 춤을 춘다.

망령되고 허탄한 신화를 버리고 오직 경건에 이르기를 연습하라 육체의 연습은 약간의 유익이 있으나 경건은 범사에 유익하니 금생과 내생에 약속이 있느니라

(딤전 4:7-8)

2

제자 선택

예수님의 생애에서 십자가의 죽음과 부활은 가장 중요한 사건이다. 이 사건에 앞서 반드시 필요한 예수님의 사역이 제자 선택이었다. 제자의 선택이야말로 예수님의 구속사역을 위한 선교에 가장 중요한 획을 긋는 사건이 아닐 수 없다. 예수님은 이 대단히 중요한 일을 앞에 두고 산으로 가서 밤새도록 하나님께 기도하셨다. 그리고는 열둘을 택하시고 사도라고 칭하셨다(눅 6:12-13). 예수님께서 열두제자를 선택하신 이유를 보면 그 중요성을 실감할 수 있다.

마가복음 13:13-15절에 보면, "또 산에 오르사 자기의 원하는 자들을 부르시니 나아온지라. 이에 열둘을 세우셨으니 이는 자기와 함께 있게 하시고 또 보내사 전도도 하며 귀신을 내어 쫓는 권세도 있게 하려 하심이니라"고 하였다.

예수님께서 제자를 선택하신 첫 번째 목적은 자기와 함께 하시기 위함이었다. 예수님의 증인이 되어야 하는 제자들이 예수님과 함께 생활하며 가르침을 받아야 함은 너무나 당연한 것이다. 제자들이 3년 동안의 철저한 훈련을 받았기에 전 세계로 흩어져 예수님의 증인으로서 부족함이 없었던 것이다. 그러므로 누구와 함께 있느냐 하는 것이야말로 매우 중요한 일이다.

둘째, 제자들을 전도자로 세우기 위함이었다. 전도야말로 예수님의 구속사역의 가장 중요한 사역이기에 제자의 선택은 바로 영혼 구원과 직결되는 일이었다. 예수님께서 제자의 선택에 심사숙고한 이유가 바로 여기에 있음을 알 수 있다. 이런 이유 때문에 주님의 복음을 받은 우리는 제자로서의 사명을 잊어서는 안 된다.

세 번째로, 예수님께서 귀신을 쫓는 권세를 겸하여 주심으로 복음전파 사역을 더욱 효과적으로 수행하도록 도우셨다. 이후 그들에게 이러한 권세가 주어졌다는 사실 때문에 하나님의 능력을 체험함과 동시에 강퍅하고 영적으로 둔한 불신자들에게 예수님이 하나님의 아들이심을 더욱 확실하게 체험시켜주는 계기가 될 수 있었다. 이렇게 예수님께서는 제자들의 복음전파에 장애가 되는 요소를 가능하면 제거해 주기를 원하셨다.

예수님의 제자 선택에 대해 우리가 눈여겨보아야 할 또 다른 한 가지 사실은 원하는 자들을 부르셔서 제자로 삼으셨다는 것이다.

예수님께서 선택한 제자들은 세상에서 도무지 인정받지 못한 자격이 없어 보이는 평범한 자들이었다. 하나님께서 큰일을 위해 부르신 아브라함, 모세, 다윗 등도 너무 평범하고 보잘것이 없어 주님께서 자신들을 부르실 것이라는 기대는 조금도 하지 않았다.

그렇지만 이렇게 선택된 예수님의 제자들은 복음전파를 위해 그들의 전 생애를 바쳐 제자로서의 사명을 충실히 감당하였다. 제자들의 생애 결산을 보면 더 정확히 알 수 있다.

수제자 베드로는 로마에서 십자가에 거꾸로 매달려 죽었고, 안드레는 에데사에서 십자가에 못 박혀 죽었으며, 세배대의 아들 야고보는 헤롯왕에게 참살을 당하여 사도 중에 제일 먼저 순교자가 되었고, 도마는 인도에서 순교하였고, 빌립 역시 소아시아에서 십자가형으로 순교했으며, 바돌로매는 몸의 가죽이 벗겨져 죽었고, 마태는 이디오피아에서 창에 찔려 순교했고, 다대오는 페르시아에서 순교했다.

그 외에도 가룟유다 대신 사도가 된 맛디아는 예루살렘에서 돌에 맞아 쓰러진 후에 목베임을 당했고, 마가는 알렉산드리아에서 기도하며 순교했고, 누가는 헬라의 감람나무에 매달려 죽었고, 바울은 로마에서 목베임을 당하면서도 예수를 불렀고, 사도 요한은 100살까지 온갖 시련을 겪다가 죽어갔다.

오늘도 주님은 제자들의 선택과 그들의 사역을 위해 간절하게 기도하고 계실 것이다.

> 이때에 예수께서 기도하시러 산으로 가사 밤이 맞도록 하나님께 기도하시고 밝으매 그 제자들을 부르사 그 중에서 열둘을 택하여 사도라 칭하셨으니
>
> (누가복음 6:12-13)

3

제자훈련

한 명의 정예화 된 군인이 탄생되기까지는 긴 시간의 훈련이 필요하다. 군 입대를 하면 적게는 두 달에서 길게는 1년 정도의 훈련을 거치게 되고 필요에 따라서는 중간에 적당한 교육을 추가로 받기도 한다. 이는 사람들을 상대로 한 싸움의 정병을 확보하기 위함이다. 하물며 예수님의 제자로서 사탄과 대치상태에 있는 우리들의 모습은 어떤가?

너무 오랫동안 공부와 여러 훈련으로 시달린 탓인지 대다수의 교인들은 예배 외의 어떤 모임도 달가워하지 않는다. 축도가 끝나기 무섭게 예배당을 빠져 나가는 대다수의 교인들… 인스턴트 식품을 좋아하는 것 때문에 현대인들이 얼마나 심각한 병들로 고생을 하는지 일일이 열거하지 않아도 이미 잘 알고 있을 것이다.

오늘날 한국교회가 겪고 있는 병이 있다면 바로 이 인스턴트 병이 아닌가 한다. 그저 적당하게 다녀도 시간만 지나면 주어지는 직분과 그에 상응하는 대우가 있는 곳이 교회라는 생각이 교인들의 머리를 채운다면, 가장 나태하고 게으른 사람들이 위세를 부리고 그로 인해 정작 사탄과의 싸움에서는 제대로 힘도 쓰지 못하고 백기를 들고 말 것이다.

싸움의 대상에 따라서 훈련의 강도가 달라져야 하듯이 십자가의 군병들은 그 누구보다 강해야 하기에 힘든 훈련도 받아야 하고 참아야 한다. 우선 우리는 예수님을 따랐던 제자들의 모습을 통해, 그들이 큰 잠재력을 가진 사람들이 아니었음을 알 수 있다. 고기 잡던 어부들과 세리들, 그들은 얼마나 보잘것없는 자들인가? 그러나 예수님은 참으로 놀라운 명령을 그들에게 하셨다.

"너희는 가서 모든 족속으로 제자를 삼아 아버지와 아들과 성령의 이름으로 세례를 주라"

얼마 후 그들은 세계 곳곳으로 퍼져서 복음을 전파했고 불가능하게 보이던 일을 해냈다. 그들은 3년 동안 충실하게 제자훈련을 받았고 그 결과 훈련에 대한 보상을 받을 수 있었던 것이다.

초대교회의 모습에서도 이런 훈련의 모습을 찾아 볼 수 있다. 사도행전 11:25-26절을 보면 "바나바가 사울을 찾으러 다소에 가서 만나매 안디옥에 데리고 와서 둘이 교회에 일 년간 모여 있어 큰 무리를 가르쳤고 제자들이 안디옥에서 비로소 그리스도인이라 일컬음을 받게 되었더라"고 기록되어 있다.

안디옥 교회는 일 년간 가르쳤을 때에 비로소 그리스도인이라고 칭함을 받았다고 했는데 오늘날 그리스도인들은 어떤가? 가르침을 받기 싫어하고 더욱이 훈련이라면 거부감을 일으키는 자들이 많이 있음은 부인할 수 없는 사실이다. 이방선교의 사역을 잘 감당한 바울의 사역에서 빼놓을 수 없는 것이 바로 이 제자훈련이었다.

하나님 나라에 대해 3개월 동안이나 강론하고 권면해도 거부하고 오히려 십자가의 도를 비방하는 자들이 있음을 보고 두란노 서원에서 2년 동안 매일 가르친 결과 유대인이나 헬라인 모두 주의 말씀을 받아들였던 사실은 가르치는 자나 가르침을 받는 훈련생 모두 인내가 필요했음을 알 수 있다.

세상의 유혹과 핍박을 이기고 천국 입성하는 그 날, 제자훈련이야말로 주님으로부터 상급 받을 수 있는 제자로 키우는 최고의 훈련이었음을 고백할 것이라는데 대해서는 추호의 의심도 없다. 훈련은 훈련답게 힘들게 받을 때에 그 결과가 아름다운 것이다.

어떤 사람들은 마음이 굳어 순종치 않고 무리 앞에서 이 도를 비방하거늘
바울이 그들을 떠나 제자들을 따로 세우고 두란노 서원에서 날마다 강론
하여 이같이 두 해 동안을 하매 아시아에 사는 자는 유대인이나 헬라인이
나 다 주의 말씀을 듣더라

(사도행전 19:9-10)

주님을

4

사랑하십니까?

예수님께서 다시 살아나신 후에 디베랴 바닷가에서 자신을 나타내시고, 밤새도록 한 마리의 고기도 잡지 못한 제자들에게 "배 오른편에 그물을 던져라. 그러면 고기가 잡힐 것이다."라고 말씀하셨고, 그대로 순종한 제자들은 그물을 끌어올릴 수 없을 만큼 많은 물고기를 잡고난 후에 비로소 예수님이심을 알게 되었다.

예수님은 해변에서 제자들과 함께 아침 식사를 하신 후 수제자인 시몬 베드로에게 의미 있는 질문을 하셨다. "요한의 아들 시몬아. 네가 이 사람들보다 나를 더 사랑하느냐?" 베드로가 "주님 그렇습니다. 내가 주님을 사랑하는 것을 주님이 아십니다." 그러자 예수님께서는 "내 어린 양을 먹이라"고 하시고 두 번째 똑같은 질문을 하셨다. 세 번째에도 다시 되풀이 된 예수님의 질문에 베드로는 슬픈 표정을 지으며 "주님, 주님은 모든 것을 아십니다. 내가 주님을 사랑하는 것을 아십니다." 그러자 예수님께서 다시 "내 양을 먹이라"고 말씀하셨다.

부활 후에 사랑하는 제자에게 세 번씩이나 다짐시키던 주님의 모습에서 세계 선교를 앞에 둔 진지함과 엄숙함을 엿볼 수 있다. 무엇과도 비교할 수 없는 귀중한 모습이 아닐 수 없다.

선교에 앞서 주님께서 확인하신 것이 바로 주님에 대한 사랑이었다. 이는 예수님에 대한 사랑 없이 주의 일을 하는 사람들이 반드시 주의 깊게 생각해야 할 말씀인 것이다.

오래 전 주의 일을 한다고 설치고 다니던 시간들이 있었다. 그저 멋모르고 일에 도취되었던 그때 내가 가르쳤던 학생들 가운데 기억에 남을 만큼 신앙생활을 잘하는 학생들은 거의 찾아볼 수 없다. 주님의 일은 내가 원해서 할 수는 있으나 주님을 사랑하지 않고 하는 일은 그 결과를 기대할 수 없다.

어쩌면 오늘날의 수많은 성도들은 예수님보다 자신을 더 사랑하기에 미친 듯이 일을 하고 있는지 모른다.

오늘날 우리 한국의 기독교 인구는 거의 1000만 명을 넘는다고 한다. 전 인구의 4분의 1에 해당하는 참으로 많은 숫자이다. 그럼에도 불구하고 도덕적인 수준은 오히려 옛날보다 더 못한 이유가 어디에 있는가? 이는 바로 주님의 뜻과 무관한, 사람의 일에 열을 올리고 있기 때문이다.

예수님께서는 베드로에게 "네가 이 사람들보다 나를 더 사랑하느냐"고 물으셨다. 이는 베드로에게 그 어떤 사람보다 예수님이 최고의 사랑의 대상이 되어야 함을 가르치신 것이다. 예수님은 우리가 최고로 사랑해도 오히려 부족할 정도의 사랑을 베푸신 분으로 당연히 "네가 나를 사랑하느냐"고 질문하실 수 있는 분이다.

20세기를 살아가는 크리스천들은 너무나 주님을 사랑하는 것처럼 보이지만 오히려 정반대일 수 있기에 우리는 예수님에 대한 나의 사랑을 매일 점검할 필요가 있는 것이다.

베드로는 평소에 이미 주님을 사랑한다는 표현을 많이 했던 제자였음에도 주님께서는 또 다시 확인할 필요성을 느끼셨는데, 이는 예수님의 양들을 먹일 사도로서의 자격을 최종적으로 확인하신 것으로 그 일의 중요성을 실감할 수 있다.

그 일은 인간의 일이 아니라 하나님의 일이었다. 하나님의 일은 어떤 일이든 중요하지 않은 일이 없다. 그래서 주님께서는 베드로에게 두 번, 세 번 재차 강조하신 것이다.

오늘도 주님께서는 일을 맡기시기에 앞서 "네가 나를 사랑하느냐"고 질문하고 계실 것이다. 슬픈 기색을 하며 조심스럽게 대답하던 베드로는 그의 사명을 잘 감당하였고 십자가에 거꾸로 매달려 순교함으로 그의 대답을 증명해 보였다.

정말 이 세상에는 예수님을 사랑하는 사람들이 너무도 많이 있는 것처럼 보인다.

오래 전 가르치던 한 청년이 자신은 하나님의 사랑을 그 누구보다도 많이 받고 있다고 큰 소리를 치고 다녔다. 그러나 실상 어렵고 힘든 주의 일을 해야 하는 시간에는 빠지기 일쑤였다. 많은 성도들이 이런 착각에 빠져 있는 것이다.

사도 바울이 맨 처음 주님을 만난 후에 첫 마디가 "주여 무엇을 하리이까?" 였다(행 22:10). 그런데 오늘의 그리스도인들은 너무 자기중심적이다. 주님을 사랑하는 것과 주의 일을 하는 것은 별개라고 생각하는 것처럼 보인다.

지금 이 시간에도 우리 주님은 분명 질문하고 계실 것이다. '네가 나를 사랑하느냐? 너희들이 정말로 나를 사랑하느냐?'

사랑하는 성도들에게 목사로서 단 하나의 질문만을 허락한다면 "정말 주님을 사랑하십니까?" 라고 묻고 싶다.

저희가 조반 먹은 후에 예수께서 시몬 베드로에게 이르시되 요한의 아들 시몬아 네가 이 사람들보다 나를 더 사랑하느냐 하시니 가로되 주여 그러하외다 내가 주를 사랑하는 줄 주께서 아시나이다 가라사대 내 어린 양을 먹이라 하시고 또 두 번째 가라사대 요한의 아들 시몬아 네가 나를 사랑하느냐 하시니 가로되 주여 그러하외다 내가 주를 사랑하는 줄 주께서 아시나이다 가라사대 내 양을 치라 하시고 세 번째 가라사대 요한의 아들 시몬아 네가 나를 사랑하느냐 하시니 주께서 세 번째 네가 나를 사랑하느냐 하시므로 베드로가 근심하여 가로되 주여 모든 것을 아시오매 내가 주를 사랑하는 줄을 주께서 아시나이다 예수께서 가라사대 내 양을 먹이라 내가 진실로 진실로 네게 이르노니 젊어서는 네가 스스로 띠 띠고 원하는 곳으로 다녔거니와 늙어서는 네 팔을 벌리리니 남이 네게 띠 띠우고 원치 아니하는 곳으로 데려가리라

(요한복음 21:15-18)

5

기도

하나님의 일을 하기에 앞서 반드시 필요한 것이 바로 기도이다. 아무리 보잘것없어 보이는 일이라 해도, 나 자신의 힘으로 충분히 할 수 있는 일이라 해도 기도가 언제나 선행되어야 한다.

여리고성을 함락시켜 기세가 오른 이스라엘이 아이성을 격파하지 못하고 싸움에서 패하여 전 이스라엘을 슬픔에 몰아넣은 아간의 범죄 사건을 기억할 것이다. 물론 싸움에서 패한 원인은 아간의 범죄이지만, 성경을 자세히 보면 아이성을 정탐한 후에 그들은 하나님께 기도하지 않았다. 그들은 오직 정찰병의 보고에 따라 삼천 명의 군사를 보내는 것 외에 다른 어떤 조치도 취하지 않았다.

　기도를 통해 하나님의 뜻을 알 수 있다. 불안한 미래를 위해 하나님께 의논드리고 도움을 구해야만 한다. 또한 하나님께서 말씀하신 것에 대해 순종하기 위해 기도해야 한다. 기도가 시작됨과 함께 하나님께서 일을 시작하신다는 사실이 우리로 하여금 기도하게 하는 가장 큰 이유라고 할 수 있다. 그럼에도 불구하고 기도하지 않는 것은 바로 힘들기 때문이다.

　예수님을 보면 기도하는 모습이 너무나 많다. 하루의 일과를 시작하기 전 새벽 미명에 기도하신 예수님의 하루는 기도의 능력을 힘입은 시간들이었다.

　사람이 아무리 멋있는 프로그램과 사업을 시작해도 기도하지 않으면 능력 없는 인간의 일로 전락할 수밖에 없다. 예수님께서 제자들에게 기도를 가르치면서 "구하라 찾으라 문을 두드리라"고 하신 말씀을 통해 주님께서 우리에게 얼마나 좋은 것을 주고 싶어 하시는가를 알 수 있다(마 7:7).

　또한 주님께서는 누가복음 11:13절에서 "너희가 악할지라도 좋은 것을 자식에게 줄 줄 알거든 하물며 너희 천부께서 구하는 자에게 성령을 주시지 않겠느냐 하시니라"고 말씀하셨다. 이는 기도가 성령을 통해 역사하심을 가르치신 것이다.

기도는 반드시 응답된다. 성경에 나타난 기도 응답의 형태를 보면 첫째, 구하는 것 이상의 것으로 응답해 주신다. 예를 들어, 솔로몬이 지혜와 지식을 구하였으나 하나님께서는 지혜와 지식과 함께 부와 재물까지 주셨다(대하1:7-12).

둘째로, 구하는 것과 다른 응답을 주기도 하신다(출 33:18-20). 하나님의 뜻과 상관없는 것을 구한다든지 구하는 것 자체가 불행이나 위험을 자초할 수 있을 때 하나님께서는 다른 방법으로 응답하시는 것이다.

셋째로, 구하는 것이 거절되는 응답으로 나타날 수 있다(신 1:45). 이렇게 하나님께서는 어떠한 방법으로든지 반드시 응답하신다.

또한 응답의 시기도 두 가지 형태로 나누어 볼 수 있는데, 어떤 기도는 즉각적으로 응답해 주시고(출 9:33), 어떤 기도는 오랜 시간이 지난 후에 응답해 주신다(시 22:1-2). 응답의 시간은 하나님께 속해 있는 것이다. 그러므로 기도자는 응답의 모든 것(형태, 시기)을 하나님께 맡길 때 그 기도의 능력을 체험할 수 있다. 우리에게 기도의 특권을 주신 하나님께 지금 이 시간 다시 한 번 감사의 기도를 드려야 할 것이다.

기도로써 국난을 극복한 미국 대통령 아브라함 링컨의 말은 지극히 평범하면서도 기도의 중요성을 잊고 사는 사람들에게 중요한 교훈을 준다.

"나는 몇 번이고 무릎을 꿇고 기도하지 않을 수 없었습니다. 기도 외에 어떻게도 할 수 없다는 것을 확신했기 때문입니다. 나 자신의 지혜로, 또는 주위의 모든 사람의 지혜로도 그러한 사태에 대처하기에는 불충분했기 때문입니다."

내가 또 너희에게 이르노니 구하라 그러면 너희에게 주실 것이요 찾으라 그러면 찾을 것이요 문을 두드리라 그러면 너희에게 열릴 것이니 구하는 이마다 받을 것이요 찾는 이가 찾을 것이요 두드리는 이에게 열릴 것이니라 너희 중에 아비 된 자 누가 아들이 생선을 달라 하면 생선 대신에 뱀을 주며 알을 달라 하면 전갈을 주겠느냐 너희가 악할지라도 좋은 것을 자식에게 줄 줄 알거든 하물며 너희 천부께서 구하는 자에게 성령을 주시지 않겠느냐 하시니라

(누가복음 11:9-13)

예수님의 6 기도

예수님의 간절한 바람은 성도들이 하나가 되는 것이었다. 예수님은 십자가에 달리시기 전 기도를 통해 "아버지께서 내 안에 내가 아버지 안에 있는 것 같이 저희도 다 하나가 되어 우리 안에 있게 하사 세상으로 아버지께서 나를 보내신 것을 믿게 하옵소서"(요 17)라고 하셨다.

이는 하나가 되어 복음을 전파하라는 주님의 소원이며, 효과적으로 복음을 전하기 위해서는 먼저 하나가 되어야 함을 누구보다도 잘 아시는 주님의 간구였던 것이다.

그러나 오늘날 교회 내의 분쟁은 복음전파에 가장 큰 장애가 되고 있다. 예수님께서 나의 죄를 위해 십자가에 돌아가시기까지

당하신 그 고통은 죽어가는 영혼들을 구원하시기 위함이며, 교회는 그 놀랍고도 감격스러운 주님의 부활을 한시라도 잊지 않고 전해야 한다.

그럼에도 자신의 이해관계나 자신의 만족, 혹은 자신의 자존심을 건드리면 이해하기보다는 오히려 즉각적인 반격자세로 나아감으로써 분쟁이 끊이지 않는 모습들을 볼 수가 있다. 우리 주님은 어떤 이유에서든지 나눠지고 다투는 것을 원하시지 않음을 알아야 한다.

러시아 내에서 공산당들이 극성을 부리며 나라의 권력을 잡으려 할 때, 러시아 정교회는 큰 회의를 열어놓고 2일 동안 열띤 토론을 하며 싸우고 있었다. 그 싸우는 주제는 예식 때 흰 옷을 입을 것인가 붉은 옷을 입을 것인가 였다. 이런 조그만 문제로 싸우고 있는 사이 러시아는 공산당의 손에 의해 빨갛게 물들고 말았다.

그 이후로 그들이 싸우던 흰 옷과 붉은 옷은 온데간데없어 지고 러시아 정교회는 오늘날까지 복음을 전해야 할 지상명령을 수행하지 못하는 큰 과오를 범하고 만 것이다.

어떤 이들은 교회가 나눠질수록 많은 교회가 생겨 복음사역에 더 크게 사용되지 않느냐고 말한다. 이는 궤변이다. 인간들의 욕망으로 나눠진 교회들을 주님께서 그래도 사용하시는 것 뿐이지 결코 주님의 뜻이 아님을 왜 모르는지 안타까운 일이다.

사도 바울의 제 2차 전도여행 때 마가 때문에 바나바와 크게 다

투어 서로 각기 전도의 일을 한 내용이 기록되어 있다. 버가라는 지방에서의 고생을 견디지 못하고 도망치듯 전도지를 빠져나간 마가를 데려가자는 바나바와 데려갈 수 없다는 바울의 주장이 맞섰기 때문이다. 이 둘의 싸움 때문에 그들의 복음사역이 유익했다고 말한다면 이것은 다투기 잘하는 인간의 습성을 그대로 합리화하려는 좁은 인간의 발상이라고 본다.

이 두 사람의 싸움은 결코 주님께서 기뻐하지 않으셨다. 싸우기 잘하는 인간의 습성을 아시는 하나님께서 그대로 두고 봐 주셨을 뿐이지 그 자체를 인정해 주지 않으셨음을 알아야만 한다.

지체인 성도들이 하나가 될 때 제 힘을 발휘하여 복음을 전파하고 하나님께 영광을 돌릴 수 있으며 불신자들이 하나님을 알고 십자가의 사랑을 알 수 있는 것이다.

자신의 피로 값 주고 산 제자들이 하나님의 것임을 강조하며 그들로 하여금 영광을 받으셔야만 한다는 사실이 예수님의 가장 중요한 기도제목이었음을 되새겨 보아야 할 것이다.

곧 내가 저희 안에, 아버지께서 내 안에 계셔 저희로 온전함을 이루어 하나가 되게 하려 함은 아버지께서 나를 보내신 것과 또 나를 사랑하심같이 저희도 사랑하신 것을 세상으로 알게 하려 함이로소이다

(요한복음 17:23)

7

민음과

율법

    그리스도인들이 일반적으로 혼동하기 쉬운 부분이 바로 율법과 믿음과의 관계이다. 믿음으로 구원을 받았기에 율법을 무시하는 사람들이 있는가하면, 율법을 어기면 죽는 것으로 알아서 죄의 무게를 견디지 못하고 언제나 괴로워하는 사람도 있다. 그러므로 믿음과 율법의 관계를 명확하게 알지 못하면 언제나 혼동을 일으킬 수밖에 없다.

    하나님의 진노를 산 인간의 죄와 가장 가까운 것이 바로 이 율법과 믿음이다. 바울 사도는 성경 여러 부분에서 이 문제를 명확히 가르치고 있다(롬 7:12-13, 3:20).

    먼저 우리는 율법이 왜 필요한지를 알아야 한다. 율법은 사람의

행동이 죄인지 아닌지를 분명하게 가르쳐 준다. 로마서 7:7절 하
반절에 보면, "율법으로 말미암지 않고는 내가 죄를 알지 못하였
으니 곧 율법이 탐내지 말라 하지 아니하였더면 내가 탐심을 알
지 못하였으리라"고 말씀한 것으로 알 수 있다. 이렇게 율법은 죄
를 각성시켜 죄와 멀어지도록 한다.

예수님께서도 율법에 대해 말씀하시기를 "내가 율법이나 선지
자나 폐하러 온 줄로 생각지 말라 폐하러 온 것이 아니요 완전케
하려 함이로라"(마 5:17)라고 하셨다. 예수님께서 오심으로 구약
의 율법이 폐지된 것이 아니라 여전히 강조하고 있음을 가르치신
말씀이라고 볼 수 있다. 신약성경에서도 여전히 율법의 정신을
강조하고 있다. 사도 요한 역시 "우리가 하나님을 사랑하고 그의
계명들을 지킬 때에 이로써 우리가 하나님의 자녀 사랑하는 줄을
아느니라"(요일 5:2)고 했다.

신약성경의 전체적인 내용을 보면 예수님께서 오심으로 구약
의 의식법은 폐지되었지만 정신은 오히려 강조되고 있다. 물론 율
법으로 구원을 얻을 육체는 없지만(롬 3:20), 또 다른 중요한 한 가
지의 기능은 율법이 우리를 그리스도께로 인도한다는 사실이다.

여기에 대해서 바울은 "이같이 율법이 우리를 그리스도에게로
인도하는 몽학선생이 되어 우리로 하여금 믿음으로 말미암아 의
롭다 함을 얻게 하려 함이니라"고 갈라디아서 3:24절에서 말씀하
고 있다.

죄를 범한 사람에게 있어서 율법은 벌이라는 올가미로 죄인을 압박한다. 이 죄로부터 해방을 가져다주는 믿음이 있음을 발견하고는 믿음을 소유함과 동시에 죄로부터의 자유함을 누릴 수 있는 것이다. 그러기에 율법의 행위는 결코 구원을 가져다줄 수 없다는 사실을 인식할 때에 (갈 2:16, 3:11) 비로소 믿음을 통한 구원을 소유할 수 있다.

이와 같이 율법은 구원을 그 목적으로 주신 것이 아니라 구원받은 자녀들이 지킬 삶의 규범으로 오히려 행복과 자유를 약속한 축복임을 알아야 한다. 야고보서 1:25절에 보면 율법에 대해 "자유하게 하는 온전한 율법"이라고 말씀하고 있다.

율법의 행위만을 강조하는 율법주의자들의 모습은 분명 잘못된 것이다. 그러나 믿음으로 구원받는다는 사실 때문에 하나님의 계명을 아예 무시하고 전혀 행함이 없는 안일한 태도로 신앙 생활하는 것 역시 하나님의 진노의 대상이 됨을 알아야 한다.

주님께서 "너희가 먹든지 마시든지 무엇을 하든지 다 하나님의 영광을 위해서 하라"는 말씀을 지키기를 원하고 계심을 우리가 안다면 어떤 문제든지 하나님께서 기뻐하시는 편에서 처리함으로 율법적인 논쟁에서부터 자유함을 얻을 수 있을 것이다.

> 이같이 율법이 우리를 그리스도에게로 인도하는 몽학선생이 되어 우리로 하여금 믿음으로 말미암아 의롭다 함을 얻게 하려 함이니라
>
> (갈라디아서 3:24)

8

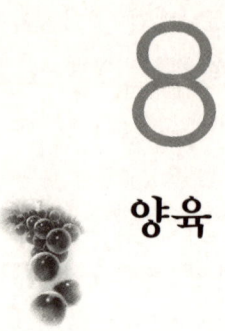

양육

    대부분의 사람들은 교회에만 나가면 그것으로 다 된 것으로 생각하고 방심하는 경우를 볼 수 있다. 그러나 중요한 것은 그때부터이다. 아기가 탄생한 것으로 모든 일이 끝났다고 말하는 사람은 아무도 없을 것이다. 이제부터는 양육이 얼마나 중요한지를 인식하여 온갖 정성을 쏟아야 한다.

    교인들에게 가장 중요한 것이 바로 이 양육지도이다. 양육 없이는 아무 일도 할 수가 없다. 비록 교회에 나왔다고 해도 구원에 대한 간증이 없으면 그는 크리스천이 아니다. 그러므로 교회에 등록한 햇수가 수십 년이 되어도 예수님과는 아무런 상관이 없는 불신자인 상태로 있을 수 있음을 알아야 한다. 또한 이런 불신상

태의 교인들은 아무리 많은 프로그램과 교육을 받아도 오히려 기쁨이 없고 무거운 짐으로 느껴질 수밖에 없다.

싹이 트지도 않은 상태에서 비료를 많이 주면 썩는 것과 같이 구원의 확신이 없는 사람이 세례를 받고 시간이 지나 직분을 받았다고 가정해 보면 그 사람의 앞길은 참으로 불행스럽다고 볼 수밖에 없다. 더욱이 중요한 사실은 자신의 불행도 불행이지만 이웃과 더 나아가 그 교회에 속한 다른 성도들까지 불행스러운 결과를 가져올 수 있기에 양육은 성도들의 가장 중요한 부분임을 명심해야 한다.

싹이 튼 후에 햇빛과 물과 질소, 인산, 카리를 주어야 하듯이, 신앙성장을 위해서도 영의 양식인 말씀을 공급받아야 한다. 말씀은 인격을 구체적으로 변화시키며 능력 있는 삶으로 만들어 주기 때문이다. "믿음은 들음에서 나며 들음은 그리스도의 말씀으로 말미암았느니라"는 로마서 10:17절의 말씀과 같이 성경공부를 자신의 성장하는 계기로 삼아야 한다. 그러기에 교회 프로그램이 영적인 성숙, 즉 양육에 초점이 맞추어질 때 그 교회는 힘 있는 교회로 주님의 지상명령인 복음전파의 사명을 잘 감당할 수 있는 것이다.

교육의 방법으로 주입식 성경공부와 그룹 성경공부가 있을 수 있는데, 주입식 성경공부는 많은 사람이 들을 수 있는 장점은 있으나 개개인의 신앙상태를 확인하는 데는 큰 효과를 기대하기 어렵다. 7-12명으로 조직하여 성경공부를 하는 소그룹은 이러한 문제를 해결할 수 있고, 특히 귀납법적 성경공부이기에 개개인의 신앙성장에 커다란 도움을 줄 수 있다. 예수님께서도 열 두 살 되던 해 유월절에 성전에서 선생들에게 문답식으로 교육하심으로 (눅 2:46) 사람들을 감탄케 하셨다.

성경에는 모범적인 양육을 받았던 사람들이 기록되어 있다. 모세가 그의 어머니 요게벳으로부터 교육을 받았기에 이스라엘의 지도자가 될 수 있었고, 이방선교의 주역으로 신약성경의 반 이상을 기록한 사도 바울도 율법의 엄한 교육을 받았으며(행 22:3), 디모데 역시 어려서부터 성경을 배웠기에 주님의 일을 잘 감당할 수 있었던 것이다(딤후 3:15).

이렇게 잘 양육된 성도들을 통해서 선교와 봉사가 이루어져 하나님께 영광을 돌릴 수 있다. 어느 한 부분이라도 영양실조에 걸리면 온 몸 전체가 활동하는데 지장을 받는 것처럼, 발육이 더딘 영적 아이들은 부모와 이웃, 그리고 형제들의 걱정거리로 남아 있을 수밖에 없다.

하나님의 말씀은 영의 양식으로 어떤 병도 고쳐서 건강한 주의 군사로 만들어 준다. 디모데후서 3:16-17절의 "모든 성경은 하나님의 감동으로 된 것으로 교훈과 책망과 바르게 함과 의로 교육하기에 유익하니 이는 하나님의 사람으로 온전케 하며 모든 선한 일을 행하기에 온전케 하려 함이니라"는 말씀은 양육이 하나님의 말씀을 통해서 이루어짐을 가르치고 있다.

모든 성도들은 자신의 영적인 성숙을 위해 기도하며, 말씀을 통해 건강한 그리스도인이 되기를 갈구할 때 하나님의 자녀로서의 정상적인 역할을 감당할 수 있을 것이며 복음사역의 한 멤버가 될 것이다.

> 모든 성경은 하나님의 감동으로 된 것으로 교훈과 책망과 바르게 함과 의로 교육하기에 유익하니 이는 하나님의 사람으로 온전케 하며 모든 선한 일을 행하기에 온전케 하려 함이니라
>
> (디모데후서 3:16-17)

9

전도

예수님을 구주로 모신 다음 대부분의 사람들은 예수님을 믿지 않는 사람들을 보며 측은히 여기며 안타까워한다. 그러나 전도를 하라고 하면 아는 것이 없다는 핑계로 스스로 자신감을 잃고, 전도와 거리가 먼 사람이 되는 것을 많이 볼 수 있다.

미국의 성경학자인 루벤 토리가 "전도는 한 번 시작하면 생활에 있어 기쁨이 되고 소원이 될 것이다"라고 말했듯이 전도의 기쁨은 그 어떤 기쁨과도 비교가 되지 않는 최고의 봉사라고 말할 수 있다.

전도는 주님의 명령이며 우리를 향하신 소원이기 때문이다. 그러므로 주님께서는 이 땅에서 마지막 유언으로 전도를 명하셨다

(마 28:19-20). 전도가 교회 내의 어떤 프로그램과 은사보다 앞서는 이유가 바로 여기에 있다.

만약 교회가 전도를 하지 않으면 교회로서의 기능을 상실하고 있다고 할 수 있다. 주님은 사랑하는 그의 제자(성도)들이 많은 사람들에게 복음을 전파할 것을 원하고 계신다. 다니엘 12:3절에서는 "많은 사람을 옳은 데로 돌아오게 한 자는 별과 같이 영원토록 비취리라"고 말씀하고 있다.

전도는 언제까지고 계속할 수 있는 일이 아니다. 이 땅에서 생명이 있는 동안만 할 수 있는 축복된 사역이다. 천국에는 전도의 사역이 없다. 전도할 대상이 그곳에는 없기 때문이다. 한정된 시간을 사는 인간들에게 가장 보람되고 영광된 일인 전도는 천사도 흠모하는 일이다.

로마 군대의 백부장 고넬료에게 천사가 나타났으나 천사는 베드로에게서 복음의 말씀을 들으라고 하였다. 이것이 바로 전도가 사람의 일이며 특권인 것을 잘 보여주는 내용이라 할 수 있다. 전도의 기회를 놓쳤을 때에 주님께서는 참으로 안타까워하실 것이다. 이 사실을 알았던 초대교회 성도들은 날마다 어디에서든지 전도하는 일을 쉬지 않았다(행 5:42). 그래서 예수님을 그리스도로 고백한 사람이면 누구든지 이 일에 참여해야 한다.

성경에는 특별히 전도의 은사가 있다는 기록이 없다. 이는 누구를 막론하고 크리스천이면 예수 그리스도를 전해야 할 증인이라는 사실을 가르쳐 주는 것이다. 예수님께서 승천하시기 직전에 하신 "오직 성령이 너희에게 임하시면 너희가 권능을 받고 예루살렘과 온 유대와 사마리아와 땅 끝까지 이르러 내 증인이 되리라"(행 1:8)고 하신 말씀은 특정인에게만 명령하신 내용이 아니라 모든 제자들에게 하신 말씀이다. 그러므로 전도는 바로 나의 일이다. 이 일은 그 누구에게도 미룰 수 없고, 지체할 수 없는 바로 나의 일인 것이다.

오늘날 많은 성도들이 성경에 대한 지식과 학문의 높은 경지를 자랑한다. 그러나 그 대단한 경지는 결코 하나님으로부터 칭찬받을 수 없는 것이다. 전도는 말장난이 아니다. 지옥을 향해 달려가는 불신자들의 앞을 몸으로 가로막는 것이다. 전도는 온 몸으로 전해야 하는 절대적인 순종이며 사랑인 것이다.

전도로 유명한 최봉석 목사님은 평양에서 2년간 3천명의 구도자를 얻었는데, 그는 기생집, 남의 집 부엌 등 전도를 위해서는 어디든지 달려갔다고 한다. 전도 중에 "나는 신자입니다"라고 말하면, "신자이면 왜 전도하지 아니하는가?"라고 반격을 했다고 한다. 최목사님의 이런 전도로 평양 시내의 신자나 불신자나 거의가 몇 번씩은 전도를 받을 만큼 최목사님의 전도는 열정적이었다고 한다.

"너희는 온 천하에 다니며 복음을 전파하라"는 주님의 명령은
이 세상을 살아가는 모든 크리스천들에게 주어진 긴급명령임을
알아야 한다. 지금 이 시간 주님께서 당신에게 몇 명을 전도했느
냐고 물으시면 무엇이라고 대답하겠는가?

오직 성령이 너희에게 임하시면 너희가 권능을 받고 예루살렘과 온 유대
와 사마리아와 땅 끝까지 이르러 내 증인이 되리라 하시니라

(사도행전 1:8)

10

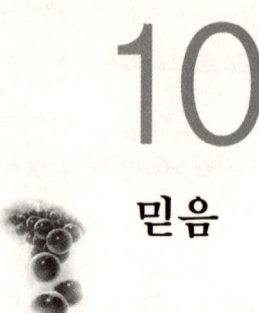

믿음

예수님을 믿는다고 하면서도 신앙성장이 더디거나 의심 때문
에 고민하는 사람들에게 하고 싶은 말이 있다.

"지금부터 당신은 어린아이가 되지 않으면 결코 신앙이 성장할
수 없습니다."

차를 살 때에 어떤 사람들은 경제적인 문제 때문에 혹은 다른
이유로 중고차를 산다. 그러나 얼마 후에는 수리비가 새 차 산 값
이상으로 많이 들어 후회하는 사람들을 종종 볼 수 있다.

잘못된 부분을 보수하거나 교환해야 할 일이 많이 생기기 때문
이다. 이런 잘못된 부분을 그대로 두고 계속 사용한다면 커다란
사고가 발생할 것이다.

믿음이란 나의 길을 인도하시는 예수님의 뜻에 나의 삶을 전적으로 의지하는 것이다. 과거에 생각하던 사고방식이나 생활의 형태까지도 그 분의 뜻에 전적으로 맡길 때 그 분께서 새로운 작품을 만들어 내시기 때문이다.

믿음에 대해 시편 37편 5-6절에서 그 정의를 잘 내리고 있다. "너의 길을 여호와께 맡기라 저를 의지하면 저가 이루시고 네 의를 빛같이 나타내시며, 네 공의를 정오의 빛같이 하시로다."

믿음이란 이렇게 전적으로 맡기는 것을 말한다. 그런데 부분적으로 맡길 때 문제가 발생한다. 부분적으로 맡길 때 믿음의 능력을 행사하시는 하나님께서는 아무 일도 하실 수가 없다.

자신의 필요에 의해 믿음을 이용해보다가 자신의 마음에 만족을 주지 못할 때에는 믿음을 싫증난 액세서리같이 치워버릴 수 있기 때문이다.

어린 아이들은 부모에게 모든 것을 맡긴다. 부자연스럽다고 불평할 수는 있지만 자신이 전혀 할 수 없는 일까지도 부모가 알아서 다 해 준다는데 대한 의심은 없는 것이다. 그러기에 예수님을 믿고 하나님의 자녀가 된 순간부터 나의 모든 것을 하나님께 내려놓아야 한다. 다시 말해서 백지의 상태로 시작해야 한다는 것이다. 그럴 때에 작가이신 예수님께서 멋있는 작품을 완성하실 수 있기 때문이다.

믿음의 대상이신 예수님만이 능력을 행사하실 수 있음에도 불구하고 어떤 교인은 성경말씀을 자신의 지식과 경험에 비추어 해석하여 하나님의 능력을 소유하지 못하고 전전긍긍하는 모습을 볼 수 있다.

대단한 신앙을 가졌다고 하나님으로부터 인정받았던 사도 바울이 예수님을 믿기 전에는 그의 고상한 지식과 배경이 자신에 의해서만 이용되었지만 회심 후에는 전적으로 그리스도에 의해 사용되므로 빛을 보게 된 것이다. 그러기에 그리스도인들은 하나님께서 사용해 주실 것을 바라며 기다리는 인내가 필요하다.

시편기자의 고백을 쉽게 풀이한 번역을 보면 "네 길을 여호와께 맡기라. 그를 신뢰하면 그가 이루실 것이다. 하나님께서 네 의를 정오의 태양같이 빛나게 하시리라. 하나님께서 행하실 때까지 참고 기다리라 악인들이 성공하는 것을 보고 안달하거나 부러워하지 말아라"(시 37:5-7)

믿음은 결코 인간의 이성이나 철학, 그리고 유행에 의해 변화될 수가 없다. 주관자가 창조주이신 하나님이시기 때문이다. 더욱이 믿음을 가졌다고 하면서도 불안해하는 사람들은 믿음이 환경이나 한계를 극복할 수 있는 능력임을 알아야 한다.

예수님께서 믿음이 없는 자들에게 "할 수 있거든이 무슨 말이냐 믿는 자들에게는 능치 못할 일이 없느니라"고 하신 이 말씀은 불가능한 환경과 문제를 해결할 수 있는 해결책이 믿음임을 강조하고 계시는 것이다(막 9:23).

믿음은 볼 수 없고 그 결과를 알 수 없는 것까지 예견할 수 있을 뿐만 아니라 원하는 것들을 실물을 보듯이 볼 수 있는 것이다. 히브리서 11:1절을 쉽게 번역한 내용을 보면, "믿음은 우리가 바라는 것들에 대한 실물이며 보이지 않는 것들에 대한 증거이다"라고 말씀한다. 결국 믿음은 전적인 신뢰와 확신을 통한 신적인 능력인 것이다.

> 믿음은 바라는 것들의 실상이요 보지 못하는 것들의 증거니 선진들이 이로써 증거를 얻었느니라 믿음으로 모든 세계가 하나님의 말씀으로 지어진 줄을 우리가 아나니 보이는 것은 나타난 것으로 말미암아 된 것이 아니니라
>
> (히브리서 11:1-3)

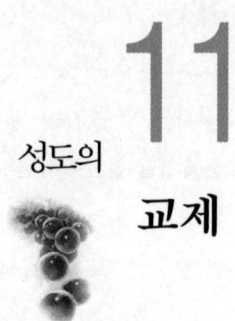

11

성도의

교제

　신앙이 성숙하는 데 필요한 여러 요소 중에 빼놓을 수 없는 것이 바로 성도의 교제이다. 자기 혼자 집에서 성경보고 예배드리면 되지 성도들의 교제가 무슨 소용이냐고 반문할 수도 있다. 그러나 성경은 모임을 매우 중요시하고 있음을 볼 수 있다.

　히브리서 기자는 "서로 돌아보아 사랑과 선행을 격려하며 모이기를 폐하는 어떤 사람들의 습관과 같이 하지 말고 오직 권하여 그날이 가까움을 볼수록 더욱 그리하자"(히 10:24-25)라고 말씀하고 있다.

　이는 말세가 가까워올수록 주님께서 원하시는 모임과 교제가 적어지고, 오히려 인간 중심의 교제는 더욱 활개칠 것에 대한 경고라고 볼 수 있다.

성도들이 교제를 통해서 자신의 신앙적인 문제를 발견하고 성장할 때 바른 성장을 기대 할 수 있다. 신앙인격은 이웃과 부딪히면서 자라는 것이다.

어떤 사람은 개인적인 신앙은 대단히 좋은 것 같은데 모임에 들어가기만 하면 불편한 분위기를 만들어버린다든지, 교회 내에서는 별로 인정을 받지 못하는 사람이 대외적으로는 대단한 인정을 받는 사람은 신앙적인 커다란 결함을 안고 있는 사람이라고 말할 수 있다.

성도들의 교제의 특성은 성부 하나님과 성자 예수님이 함께 하시는 교제이기에 어떤 문제도 해결될 수가 있다는 것이다. 여기에 대해서 사도 요한은 "우리의 사귐은 아버지와 그 아들 예수 그리스도와 함께 함이라"고 요한일서 1:3절에서 말씀하였고, 사도 바울은 성령님의 인도하심을 받는 교제가 되어야 함을 빌립보서 2:1절에서 말씀하고 있다.

특히 오늘날 교회내의 교제들이 자신의 이해관계에만 얽힌 교제가 많이 있기에 성도들의 교제같이 보이나 그 내용은 세상의 모임과 별 차이가 없는 것을 많이 볼 수 있다.

그러므로 초대교회의 교제의 모범을 알고 우리들의 교제 속에 적용하면 주님께서 기뻐하시는 교제가 될 수 있을 것이다.

초대교회는 그 교제가 사도들의 가르침을 중시한 교제였음을 알 수 있다. 사도행전 2:42절에 보면 "저희가 사도의 가르침을 받아 서로 교제하며 떡을 떼며 기도하기를 전혀 힘쓰니라"고 말씀하고 있다.

교제의 시작이 성경공부로 시작했기에 그들의 모임 자체가 인간적이거나 행사 위주의 모임과는 거리가 있음을 알 수 있다. 결국 이러한 모임은 복음 안에서의 교제로 그들의 영적 생활과 신앙인격에 좋은 영향을 미치게 되었고 그 결과 그들은 기도의 생활을 더욱 힘쓸 수 있게 되었다. 사도 바울은 그들의 교제에 대해 "첫날부터 이제까지 복음에서 너희가 교제함을 인함이라"고 빌립보서 1:5절에서 말씀하고 있다.

이와 같이 성도의 교제는 물질적인 도움의 차원을 넘어 그리스도 안에서의 사랑으로 승화된 교제로서 서로의 영적인 유익을 위해 권면하며 복음사역을 위해 하나가 되어 사탄의 세력을 물리치는 아름다운 모임이 되어야 하는 것이다. 하나의 장작은 별로 쓸모없이 보이지만 여러 개가 모이면 잘 타는 것처럼 아름다운 성도들의 교제는 강한 능력이 된다.

서로의 실수를 감싸주며 단점을 보완해 주는 신앙적인 교제야말로 그리스도 안에서의 형제들만이 가지는 가장 이상적인 교제이다. 오늘도 주님은 성도들이 아름다운 교제를 통해 영적으로 성숙하여 복음사역에 동참하는 참된 제자가 되기를 원하고 계심을 잊지 말아야 한다.

> 형제가 연합하여 동거함이 어찌 그리 선하고 아름다운고 머리에 있는 보배로운 기름이 수염 곧 아론의 수염에 흘러서 그 옷깃까지 내림 같고 헐몬의 이슬이 시온의 산들에 내림 같도다 거기서 여호와께서 복을 명하셨나니 곧 영생이로다
>
> (시편 133:1-3)

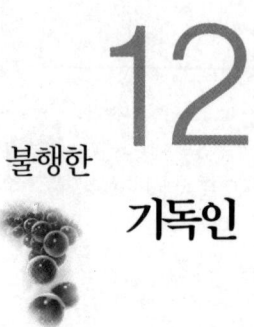

불행한 12 기독인

어린아이들은 남을 위해 아무 일도 할 수 없다. 그저 섬김을 받고 도움을 기대하며 사는 것을 별로 이상하게 생각하지 않는다. 그러나 시간이 지나 성장함에 따라 이웃에 대한 관심을 갖게 되고 자신의 능력의 범위에서 도와주게 된다. 사람이 받는 것보다 주는 것이 더 귀중함을 알게 되었을 때에 비로소 한 인격으로서의 가치를 나타낼 수 있다.

예수님을 구세주로 모시고 신앙생활을 시작한 사람이 영적으로 성숙하여 자신을 희생하며 봉사하는 단계에 들어가면 비로소 그가 예수님을 사랑한다고 말할 수 있을 것이다.

사랑에는 표현이 있어야 한다. 입으로 아무리 주님을 사랑하노라고 떠들고 다녀도, 구체적인 표현이 없으면 추상적이며 관념적인 사랑에 머물 수밖에 없다. 그리고 그 사랑에는 반드시 희생이 포함되어야 한다. 이에 대해 야고보는 "행함이 없는 믿음은 죽은 믿음"이라는 강경한 표현을 사용하면서까지 예수님의 사랑을 깨달은 자기 행함에 대해 날카롭게 지적하고 있다.

지식적으로 많은 것을 알고 있다고 해서 믿음이 좋다고 말할 수 없다. 또한 감정이 풍부하여 하나님의 말씀을 볼 때마다 눈물을 흘린다고 하여 믿음이 좋다고 말해서도 안 된다. 믿음은 알고 느낀 바를 실제적으로 행하는 것이다. 그러므로 믿음은 지, 정, 의를 다 포함하는 전인격적인 것이다.

사도바울은 데살로니가전서 1:3절에서 사랑에는 수고가 있다고 말한다. 이는 바로 믿음을 통한 봉사가 그리스도인들에게 반드시 필요함을 인식시켜준 것이라 할 수 있다.

하나님의 말씀을 배우는 것은 참으로 중요한 일이다. 말씀을 배우는 것은 순종하기 위함이다. 순종으로 나타나는 봉사야말로 능력을 발휘하게 된다.

인생은 단 한번밖에 주어지지 않는 참으로 귀한 것이다. 그러므로 연습하는 자세로 살 수 없다. 인생이 전투요 실전임을 안다면 하나님께서 명령하신 말씀에 무조건 순종하지 않을 수 없을 것이다.

성경은 봉사의 방법을 제시하고 있다. 마태복음 25:40절에 보면 "여기 내 형제 중에 지극히 작은 자 하나에게 한 것이 곧 내게 한 것이니라"고 말씀하고 있다. 이 말씀은 이웃을 섬김으로 하나님을 섬길 수 있다는 것이다. 하나님의 나라를 섬기는 것은 바로 이웃을 섬기는 데서부터 시작됨을 가르치고 있다.

이 세상은 온통 "나" 중심의 사고방식으로 꽉 차 있다. 만약 그리스도인들이 이러한 섬김의 자세를 가진다면 이 세상은 변화될 것이다. 성도들에게 요구되는 봉사는 조그만 것에서부터 큰일까지 많은 종류가 있다. 문제는 자신이 할 수 있는 봉사를 찾아낼 수 있는 눈과 발견 후에 적극적으로 달려들어 헌신하는 자세이다.

하나님께서는 얼마나 큰 업적을 남겼느냐 하는 관심보다도 얼마나 성실하게 최선을 다했느냐 하는데 관심을 가지심을 알아야 한다.

성경에서는 두 달란트와 다섯 달란트 받은 사람에 대한 차이를 두지 않고 있다. 다만 주어진 달란트를 가지고 얼마나 헌신하여 이익을 남겼느냐에 관심을 집중시키고 있다.

이 세상 사람들은 대부분 공짜를 좋아한다. 그래서 믿음으로 구원받은 사실 때문에 행함이 없는 삶을 살아가면서도 그저 무감각한지도 모른다. 주님은 우리가 작은 것에서부터 얼마나 충성스러운지를 확인하기 원하신다(눅16:10).

　믿음으로 구원받는 사람들 가운데 천국에서 안타까워 할 사람들이 있다면 바로 섬김의 시간을 놓쳐버린 사람들일 것이다. 어떤 사람들은 예수님께서 십자가에 돌아가실 때에 구원받은 한쪽의 강도가 세상에서 최고의 행운이라고 말한다. 물론 그는 행운아이지만 주님을 위해 아무것도 하지 못한 불행아이기도 하다.

　섬겨야 될 시간을 잃어버린 자는 매우 불행한 그리스도인인 것이다. 지금 이 시간 당신은 한 달란트 받은 사람같이 봉사 없는 삶을 살고 있지는 않은가?

　　임금이 대답하여 가라사대 내가 진실로 너희에게 이르노니 너희가 여기
　　내 형제 중에 지극히 작은 자 하나에게 한 것이 곧 내게 한 것이니라 하시
　　고

　　　　　　　　　　　　　　　　　　　　　　　　　　　(마태복음 25:40)

마귀의 13 미끼

　주님께서 세상에 오셔서 특별히 강조하신 내용이 바로 섬김의 자세였다. 인간의 비극과 파멸이 섬김을 받으려는 데서 시작됨을 주님께서는 누구보다도 잘 알고 계셨기 때문이다. 그래서 주님은 직접 제자들의 발을 씻겨 주시면서 까지 섬길 것을 가르치셨다.

　광야에서 40일 간의 금식을 마치신 예수님을 시험한 마귀가 제시한 것 중의 하나가 바로 명예에 대한 유혹이다. 세상의 명예는 마귀가 잘 이용하는 미끼임을 기억해야 한다. "마귀가 또 그를 데리고 지극히 높은 산으로 가서 천하만국과 그 영광을 보여 가로되 만일 내게 엎드려 경배하면 이 모든 것을 네게 주리라"(마 4:8-9).

　세상 사람들이 명예 때문에 싸우고 미워하는 모습은 그렇다 치더라도 교회 안에서까지 높아지고 인정받고 싶어하는 사람들이 있으니 참 안타까운 일이 아닐 수 없다. 세상의 집권자들은 권세를 부리지만 교회의 직분은 섬기기 위함이라고 성경은 분명히 말씀하고 있다(마 20:25-26).

교회를 옮겨 다니는 사람의 거의 과반수 이상은 자신을 인정해 주지 않는 데 대한 노여움에서부터 시작된다고 한다. 사람 앞에서 인정받으려는 것처럼 자신을 학대하는 것은 없다. 자신을 과시하고 사람 앞에서의 삶을 중시했던 바리새인들은 주님으로부터 얼마나 심한 책망을 받았는가?

주님은 역설적인 진리를 말씀하셨다. "너희 중에 누구든지 크고자 하는 자는 너희를 섬기는 자가 되고 저희 중에 누구든지 으뜸이 되고자 하는 자는 너희 종이 되어야 하리라"(마 20:26-27).

명예욕을 포기하지 않고는 결코 신앙이 성장할 수 없을 뿐 아니라 하나님께서 결코 사용하시지 않을 것이다. 사람 앞에서 높아지고 싶은 사람은 하나님으로부터 인정받을 수 없기 때문이다.

큰 자는 섬기는 자 높은 자는 낮추는 자 육체의 영광은 풀의 꽃…

형제여! 세상의 영광에 빠져서 그날 주님께서 주실 그 영광을 포기하려는가?

> 우리 생명이신 그리스도께서 나타나실 그 때에 너희도 그와 함께 영광중에 나타나리라
>
> (골로새서 3:4)

14

목사의

광고

　20년 넘게 목회를 하면서 가장 아쉬운 것이 있다면 사명자가 없다는 것이다. 자신의 기분과 환경이 맞아 떨어지면 투철한 사명자이지만 조금이라도 자신의 마음에 어긋나면 방관자 내지 방해꾼으로 변해 버리고, 어느 틈엔가 온다간다는 말 한마디 없이 사라지기 일쑤인 것이다. 목사의 등 뒤에 커다란 광고란을 붙이고 다닐 기회를 준다면 정말 쓰고 싶은 말이 있다.

　"진짜배기 사명자 구합니다."

　마태복음 9:37절을 보면 예수님께서 제자들에게 하신 말씀이 있다. "추수할 것은 많되 일꾼은 적으니 그러므로 추수하는 주인에게 청하여 추수할 일꾼들을 보내어 주소서 하라" 이 말씀을 보면 주님께서도 사명자 부재현상을 안타까워하셨고 참된 사명자를 찾고 계심을 알 수 있다.

오랫동안 한국에서 선교사역을 한 어느 선교사는 뜻을 같이하던 사람들의 이탈과 세상으로 발걸음을 옮기는 무수한 사람들을 보면서 마음에 한이 맺혔다고 한다. 그는 초기에 함께 하겠다고 결단한 신앙의 동지들과 함께 결정한 자신의 기도시간 60분을 20년이 지난 지금까지도 어김없이 지키면서 사라져간 한시적인 사명자들에 대한 안타까움을 가지고 자신의 욕심 때문에 하나님의 사업을 버린 자들을 위해 기도한다고 한다.

누구에게 사명을 받았느냐 하는 것은 너무도 중요하다. 하물며 하나님의 일을 한다고 나선 사람들이 자신의 마음에 들지 않는다고, 소인처럼 돈 줄 때문에, 자신을 알아주지 않는 목사가 미워서, 사회생활의 어려움 때문에 떠나가는 것이다.

사명자라고 자처하는 사람들이 명심해야 할 몇 가지가 있다. 첫째, 어떤 상황에서도 하나님 편에 서야 하며, 둘째로, 최악의 상태에도 하나님의 뜻을 따라야 하며, 셋째로, 열매를 수확하기까지는 물러서지 말아야 하는 것이다.

예수님을 영접한 후 1500여 편의 찬송시를 쓴 레리아 네일러 모리스(L.N. Morris, 1862-1929) 여사는 노년에 실명한 이후에도 찬송가 작시를 계속했는데 이사야 6장 6-8절 말씀을 통해 이사야의 뜨거운 소명의식에 감명을 받아 멸망의 길로 나아가는 영혼을 향한 전도자로서의 뜨거운 열망을 그리며 "나를 보내소서"라는 찬송을 작시하였다.

"주가 두루 다니시며 일꾼 부르나 따르는 자 적구나 보라 주의 사랑하는 익은 곡식을 어서 거두러 가자 보내주소서 보내주소서 제단 숯불 내 입술에 대니 어찌 주저할까 주여! 나를 보내 주소서"

진짜 사명자가 일이 끝날 때까지 죽지 않듯이, 일시적이고 화려한 꽃보다는 실속있는 신앙의 열매를 위해서 추운 겨울을 지내야 함을 알고 그날까지 인내해야 할 것이다.

> 형제들아 주의 이름으로 말한 선지자들로 고난과 오래 참음의 본을 삼으라
>
> (야고보서 5:10)

불의의  15
세계

교회 내에서 문제를 일으키는 요소 중 거의 대부분을 차지하는
것이 있다면 혀의 문제이다. 조심 하지 않고 무심코 내뱉은 말을
통해서 이웃 간에 금이 가고, 마음속에 심한 상처를 줄 수 있기 때
문이다. 특히 성도들끼리의 잘못된 언어생활은 한 영혼을 재기불
능의 상태로 짓밟아버릴 수 있기에 그 중요성을 알아야 한다.

교회에 처음 출석해서 예수님의 사랑을 느끼고 주님을 사랑하
려던 어느 초신자는 오랫동안 신앙생활을 한 옆집에 사는 직분자
와 교제를 하는 동안 신앙의 성장은커녕 오히려 평소에 좋게 보
이던 직분자들까지도 위선적인 사람들로 보이고, 교회 내의 문제
점에 대하여 자주 듣다보니 매사가 싫어져 그냥 대예배에만 참석

하는 앉은뱅이 신자로 지낸지가 무려 10여년이 되었고, 행여 문제 없는 교회가 없나 해서 이 교회 저 교회 기웃거리는 통에 마음의 안정조차 찾을 수 없다고 한다.

먼저 된 성도나 직분자들이 특히 말에 조심하지 않을 때 엄청난 문제들이 발생함을 알아야 한다. 이웃을 향한 사랑은 그 영혼을 대하는 태도에서 엿볼 수 있다. 겉으로는 마음을 맞추어 주고 친한 친구가 되어주며, 물질의 후원자가 되어 준다고 해도, 영혼에 상처를 준다면 이는 하나님 앞에서 큰 죄를 짓는 것이다.

하나님의 독생자 예수님께서 십자가의 고통을 당하신 목적이 바로 영혼 구원인데, 자신도 모르는 사이 한 영혼을 파멸로 몰아 넣는다면 이보다 더 큰 비극은 없을 것이다. 그러기에 성경에는 혀를 조심할 것을 지나칠 정도로 강조하고 있으며, 그 결과에 대해서 반드시 책임을 져야 할 것임을 기록하고 있다.

예수님께서 마태복음 14:36-37절에서 "사람이 무슨 무익한 말을 하든지 심판 날에 이에 대하여 심문을 받으리니 네 말로 의롭다 함을 받고 네 말로 정죄함을 받으리라"고 하셨다. 이는 삶 속에서 말이 차지하는 비중이 얼마나 큰가를 나타내는 말이다.

교회 내에서 남보다 신앙생활을 잘하는 것같이 보이는 사람이지만 어떤 문제가 발생하면 교회가 영적으로 침체되는데 불씨를 당기는 사람들을 자주 볼 수 있다. 이들은 불의에 대한 정당한 비판이라는 슬로건을 내세우고는 대중 앞에서 자신의 의를 드러내려 한다.

하나님께서는 혀의 바른 역할을 성경 여러 곳에서 말씀하고 있다. 몇 가지 살펴보면 첫째, 주의 의를 말하고(시편 35:28) 둘째로, 주의 말씀을 말하고(시편 119:172) 셋째로, 지혜와 인애의 법을 말하며(잠 31:26) 넷째로, 예수를 주로 시인하라(빌 2:11)고 말씀하고 있다.

하나님께서는 교회 내에서 문제를 일으키는 사람들을 좋아하시지 않는다. 그러기에 모든 말이 긍정적이며, 단점보다 장점을 말하며, 희망적이며, 용기를 주며, 비판과 불평에 앞서 이해하며, 화해자로서의 생활을 한다면 자신의 삶 속에 사탄이 침범할 구실을 결코 제공하지 않을 것이다.

혀는 작지만 참으로 중요하다. 범죄의 수단이 될 수도 있고, 하나님의 의를 나타내며 하나님을 찬양할 수도 있기 때문이다. "입과 혀를 지키는 자는 그 영혼을 환난에서 보전하느니라"고 한 잠언 21:23절의 말씀과 함께, 야고보 사도가 혀를 지체 중에서 온 몸을 더럽히고 생의 바퀴를 사르는 불이며, 불의의 세계라고 한 야고보서 3:6절의 말씀은 말에 대해 무감각한 우리 모두가 특히 주의 깊게 보아야 할 하나님의 바람임을 알아야 할 것이다.

> 내가 말하기를 나의 행위를 조심하여 내 혀로 범죄치 아니하리니 악인이 내 앞에 있을 때에 내가 내 입에 자갈을 먹이리라 하였도다
>
> (시편 39:1)

16

바람 부는
그날

   오늘날 많은 사람들은 철저한 현실주의에 입각한 삶을 살아가고 있다. 그런데 이 현실주의가 겉모양만 화려한 실속 없는 한탕주의로 흘러 알맹이 없는 빈 강정이 되는 때가 많다. 집을 지어도 일시적인 눈가람식의 집을 지음으로 얼마가지 못해서 날림공사임이 폭로됨은 물론이거니와 예상하지 못한 피해로 인해 많은 사람들을 슬픔으로 몰아넣는 때가 너무도 많다.

   일본 동경 대지진 때 거의 모든 집들과 빌딩들이 무너졌는데 오직 한 빌딩 만큼은 그 엄청난 대지진 속에서도 건재하였다. 바로 라이트(Wright)형제라는 사람들이 지은 빌딩이었다. 이들은 이 빌딩을 지으면서 많은 사람들로부터 큰 불평을 샀다고 한다. 이유는 과다한 비용과 많은 시일이 걸리는 기초공사 때문이었다. 그러나 이 지진 후에 이들의 명성이 세계적으로 알려졌는데 이는 너무나 당연한 결과라고 하겠다.

땅이나 사고 집이나 사는 투기가 사람을 부자로 만들어준다는 사고방식이 오늘을 살아가는 정직한 사람들과 젊은이들에게 얼마나 큰 상처를 주는지 알아야 한다.

모래 위에 지은 집과 반석위에 지은 집을 겉으로 보아선 차이점을 알 수가 없으나, 바람이 불고 폭우가 쏟아지면 비로소 진면목이 나타난다.

사람들은 쉽게 그리고 빨리 집을 지으려 하기에 그 과정을 외면해 버리는 때가 많다. 그저 겉으로 보이는 외모와 형식만 갖추면 되는 것으로 알지만 그것은 참으로 위험천만한 일이 아닐 수 없다. 얼마 후 그 자신뿐만 아니라 수많은 사람들을 상처투성이의 모습으로 만들어버리기 때문이다.

튼튼한 기초는 많은 시간과 노력을 필요로 한다. 그러나 바람 부는 그 날이 되면 안다. 기초가 약한 집은 쉽게 무너지지만 튼튼한 기초 위의 집은 전혀 요동하지 않을 것이기 때문이다.

교회에 나온 지 오래되어 경건의 모양과 형식을 갖추어도, 수많은 신앙적인 체험을 가졌다고 해도, 바람 부는 그 날이 되면 알 수 있는 것이다.

영국의 유명한 설교가 중에 한 분인 로이드 존스 목사님은 가짜 그리스도인들에게는 세 가지의 특징이 있다고 하였다.

첫째 성경말씀에 대해 귀를 기울이지 않는다고 했다. 말씀으로 신앙의 뿌리가 내려지기를 원하는 것이 아니라 들어서 손해 볼 것 없기 때문에, 혹은 지식을 쌓고 교양미를 갖추는데 필요하기 때문에 듣는 사람들을 지칭한 것으로 볼 수 있다.

둘째로, 자신의 마음에 맞는 말만 고르는 특징이 있다. 자신이 이해하고 용납할 수 있는 것만 받아들이는 극히 자기중심의 사고 방식에서 탈피하지 못하는 스타일을 가진 자들이다.

마지막으로, 말씀을 들어도 도무지 삶의 변화가 없는 사람들이다. 이들은 인간의 나약성을 내세워 적당한 변명과 핑계로 말씀의 능력이 도무지 자신에게 임하지 못하도록 하는 적당히 살아가는 사람들이다. 이상의 내용을 보면서 자신은 그리스도인이라고 말할지 모르나 정작 주님으로부터는 진짜라는 판정을 받지 못한다면 정말 안타까운 일이 아닐 수 없다.

마태복음 7:25절의 "비가 내리고 창수가 나고 바람이 불어 그 집에 부딪히매 무너져 그 무너짐이 심하니라"는 말씀은, 과정과 노력을 외면하는 사람들에게 바람부는 그 날이 있음을 경고하는 말씀임을 알아야 할 것이다.

> 사랑하는 자들아 너희는 너희의 지극히 거룩한 믿음 위에 자기를 건축하며 성령으로 기도하며
>
> (유다서 1:20)

17

비뚤어진

선행

하나님의 자녀들은 하나님께로부터 선한 일을 하도록 명령을 받았다는 사실을 잊어서는 안 된다. 사도 바울이 디도에게 보낸 편지인 디도서 본문 중에 3장 8절을 보면, 사람들에게 유익하며 좋은 일인 선한 일을 하나님의 자녀들은 조심스럽게 해야 한다고 말씀하고 있다. 대다수의 사람들은 선행을 좋아하고 선을 베푸는 자를 존경하며 따른다.

그러나 이렇게 아름다우며 유익한 선행이 잘못 변질되어 큰 문제를 일으킬 수 있다는 사실에 대해 깊이 생각하려는 사람들이 많지 않다는 사실 때문에 종종 사탄의 이용물이 되기도 한다.

성경에는 선을 행해야 하는 이유를 분명하게 제시하고 있다.

첫째, 인간은 선한 일을 위해 창조되었다. 에베소서 2:10절에 보면 하나님께서는 인간을 선한 일을 위해 예수 그리스도 안에서 창조하셨다는 사실을 분명히 하고 있다. 이같이 선행은 창조의 목적에 포함될 만큼 중요한 일임을 알아야 한다.

둘째, 선행 없이는 하나님의 이름을 높여 드릴 수가 없기 때문이다. 그러기에 예수님께서는 산상수훈에서 "이같이 너희 빛을 사람 앞에 비취게 하여 저희로 너희 착한 행실을 보고 하늘에 계신 너희 아버지께 영광을 돌리게 하라"(마 5:16)고 하신 것이다.

셋째, 행한 일이 인간을 따라 다니기 때문이다. 모든 인류의 행위를 한 눈에 살피시는 창조주 하나님의 시선을 피할 수 있는 사람은 단 한 명도 없기 때문이다. 요한계시록 14:13절은 그 내용을 소상히 밝히고 있다.

마지막으로 행위에 대한 대가가 주어지기 때문이다. 하나님께서는 자신이 공의로운 분이심을 분명하게 밝히고 계신다. 에베소서 6:8절에서 빈부귀천에 관계없이 각 사람들이 행한 선행에 대한 대가가 주어짐을 분명하게 기록하고 있다. 성경에는 선행의 사람들을 여러 명 기록하고 있다. 그 대표적인 사람이 선한 사마리아인(눅 10:33)이다. 그 외에도 도르가(행 9:36)와 뵈뵈(행 16:1-2)같은 이들은 성경에 나타난 모범적인 사람들로 꼽을 수 있다.

그런데 선행을 한다는 사람들이 하나님께서 원하시는 대로 조심스럽게 선행을 하지 못하므로, 선행이라는 아름다운 간판 뒤에 여러 문제가 발생할 수 있음을 주의해야만 한다.

먼저 선행은 자기의 유익을 구하지 않고 남의 유익을 구하는 데서부터 시작되어야 한다(고전 10:24).

자신을 위해서 선행을 하는 사람들도 많이 있기 때문이다. 자신의 욕심을 위해서 선행을 하다보면, 자신이 사람들에게 베푸는 선에 대한 자부심을 가지게 되고, 자신도 모르는 사이에 상당한 의인이 된 것으로 착각하게 되고, 더 나아가 이웃들에게 자신의 영향력을 행사하고 싶은 자만심으로 채워지게 된다.

그러면 어느새 사탄의 이용물로 전락하는 끔찍한 일들이 벌어지게 되는 것이다. 우리가 살고 있는 사회와 교회 내에서 이런 사람들은 사탄의 표적이 되어 선행이 악의 세력에 의해 역이용 당할 수 있음을 알아야 한다.

선행은 하나님의 뜻과 예수님을 떠나서는 그 존재가치가 상실된다. 그러기에 오른손이 한 것을 왼손이 모르게 하라고 말씀하셨고, 세상에서 선행에 대한 대접을 받으면 하늘에서는 아무런 상금이 없다고 말씀하신 것이다.

이런 위험을 방지하기 위해서는 교회를 통해서 하는 것 역시 좋은 방법이라고 할 수 있을 것이다. 비록 자신의 유익을 위해서 선행을 시작하지 않았다 해도 그런 결과를 빚는 사례를 교회에서까지 종종 볼 수 있기에 비뚤어진 선행이야말고 눈에 보이지 않는 영적인 암이라고 말할 수 있는 것이다.

이런 인간의 약점을 잘 아는 사도 바울은 골로새서 3:17절과 고린도전서 10:31절에서 멋있는 방향 제시와 함께 문제점의 해결책을 제시하고 있다. "또 무엇을 하든지 말에나 일에나 다 주예수의 이름으로 하고 그를 힘입어 하나님께 감사하라" "그런즉 너희가 먹든지 마시든지 무엇을 하든지 다 하나님의 영광을 위해서 하라"

주님을 잊어버리고 자신의 유익을 위해 행해지고 있는 선행이 있으면, 자신의 인간적인 출발 때문에 선행의 대상자까지도 하나님으로부터 멀어질 수밖에 없다는 진리를 알고, 오직 우리의 선행이 예수님의 사랑에서부터 시작되어야만 하고 하나님께서 영광을 받으셔야만 한다는 사실을 깊이 명심해야 할 것이다.

> 너희 안에서 행하시는 이는 하나님이시니 자기의 기쁘신 뜻을 위하여 너희로 소원을 두고 행하게 하시나니
>
> (빌립보서 2:13)

18

죽을 병에

걸린사람들

　하루하루를 무의미하게 보낸 시간들이 많을수록 하나님께 죄
스러움을 금할 수 없다. 인생에 단 한 번 뿐인 시간들이 내 인생의
공간으로부터 영원히 사라져버렸기 때문이다. 죽어가는 사람들
은 죽음 앞에서 자신들의 과거를 돌아보면서 다양한 감회를 느낄
것이다.

　무엇 때문에 살았는지도 모른 채 눈을 감는 사람, 아무 이유 없
는 눈물로서 벅찬 감회 속에 눈을 감는 사람, 세상에서의 시간이
그리워 정말 죽음인가 하며 절규하는 사람, 고통 많은 세상을 저
주하며 이를 갈면서 악을 쓰는 사람, 이것이 영원한 이별인가 하
여 사랑하는 사람의 손을 부여잡는 사람, 마치 죽음을 기다린 양

포근하게 잠자듯이 눈을 감는 사람, 죽음을 앞둔 사람들, 아니 이 세상의 모든 사람들은 죽을병에 걸려있는 것이다. 반드시 죽어야 하기 때문이다. 이 세상을 아무리 사랑해도 어쩔 수 없이 죽어야만 한다. 아무리 화려하였어도, 아름다웠어도, 많이 소유하였어도, 건강하였어도, 많이 알았어도…

나치 치하에서 죽어간 젊은 신학자이며 목사였던 본회퍼(Bonhoeffer, Dietrich 1906-1945)는 죽음에 앞서 "이것이 마지막입니다. 그러나 나에게는 새 생명의 시작입니다"라고 말했다.

인생에서 도저히 해결할 수 없는 문제가 바로 죽음이다. 얼마 전 조그만 어항 속에 있는 금붕어를 바라보면서 생명의 신비를 느낄 수 있었다. 생명이 있는 모든 피조물은 아름답다. 아름다움은 살아있는 생명체로부터 발견할 수 있다. 이 어항 속에 있는 조그만 금붕어의 생명에 인간이 무슨 도움을 줄 수 있는가? 없다. 아무것도 없다. 인간은 그 어떤 생명체도 만들 수 없는 그저 죽을병에 걸려 있는 피조물에 불과하다. 그러기에 하루는 너무나 귀중한 것이다. 죽음을 앞에 둔 사람들에게 있어 시간은 그 무엇과도 바꿀 수 없이 귀한 것이다.

그러기에 사람에게 생명을 주실 수 있는 분 그분이 얼마나 귀한 분인지 알아야 한다. 이 세상에 모든 사람이 그저 운명이라고 포기했을 때 하나님은 그 독생자 예수님을 보내셨고 예수님은 무능력한 인간에게 부활이 있음을 증명해 보이셨다.

이미 무덤 속에 장사지낸 나사로를 살리셨고, 외아들의 죽음 앞에서 절규하던 나인성 과부의 아들을 말씀으로 살리셨다. 그리고 예수님은 자신이 실제로 삼일만에 부활하심으로 죽음의 권세를 이기신 것이다.

이제 죽을병에 걸린 우리는 '나는 부활이요 생명이니 나를 믿는 자는 죽어도 살겠고 살아서 나를 믿는 자는 영원히 죽지 아니하리니 이것을 네가 믿느냐'고 하신 말씀을 믿고 그분의 뜻대로 살아야 한다.

모든 육체가 죽을병에 걸렸음을 기억한다면 예수님의 부활을 힘 있게 증거하며, 부활이야 말로 나약한 우리에게 주신 최고의 축복임을 알아야 할 것이다.

만일 우리가 그리스도와 함께 죽었으면 또한 그와 함께 살줄을 믿노니
(로마서 6:8)

그리스도의 **19**
지체로서

교인들이 서로 미워하며 시기하고 용납하지 못하는 데는 여러 가지 이유가 있을 수 있다. 그 중 가장 중요한 이유는 아직 교회가 무엇인지 모르기 때문일 때가 많다.

교회는 분명 세상의 다른 모임과 구별되는 거룩한 성도들의 모임이라는 사실을 알지 못하고 그저 마음의 수양이나 취미생활 하는 곳 정도로 생각하는 저차원에서 벗어나지 못하는 사람들이 있다. 또한 오랫동안 교회를 다녔어도 세상에서의 습성과 방식을 그대로 가지고 함부로 말하고 행동하므로 초신자들과 성도들에게 상처를 주는 경우가 너무도 많다. 이 모든 것들이 자신도 모르는 사이에 사탄의 노리개로 전락하고 있음을 알아야 한다.

교회는 예수님을 머리로 한 그리스도의 몸으로, 성도들 개개인을 놓고 볼 때는 그리스도의 몸의 한 부분(지체)이다. 즉 교회에는 머리 되신 그리스도를 중심으로 손, 팔, 위장, 다리, 발 등과 같은 역할을 하는 수많은 지체로 이루어진 것이다.

얼마 전 텔레비전 어린이 프로에서 본 내용이 기억난다. 다섯 손가락이 사이좋게 지내다가 엄지손가락을 미워하게 된다. 문제는 무슨 일에든지 엄지손가락이 사용되는데 대해 다른 손가락들이 부러워하였으나 점차 시기와 미움으로 번져 불편한 관계가 된다. 결국 엄지손가락은 불편한 관계를 극복하지 못하고 자신이 가고 싶은 곳으로 가 독립을 하게 된다. 얼마 후 그들은 자신들이 얼마나 어리석은가를 깨닫고 서로를 필요로 하게 된다. 혼자서는 아무 일도 할 수 없는 존재라는 사실을 비로소 깨닫고는 자신들의 잘못을 뉘우치고 다시 만나게 되는 내용이다.

지체인 손과 팔이 결코 경쟁의 관계가 아니듯이 성도들도 역시 경쟁의 관계가 될 수 없다. 자기보다 교회에 늦게 나온 사람이 먼저 직분을 받았다고 해서 시기하고 미워하는 것 역시 머리되신 예수님으로부터 책망 받을 일이다.

손을 위해 장갑을 산 것을 보고 배 아파하는 발이 있다면 이는 어처구니없는 일이 아닐 수 없다. 그러나 오늘날 교회 내의 실상을 보면 어떤가? 자기보다 잘되면 불편해 하는 사람들이 예상 외로 많지 않은가?

오래 전부터 잘 아는 어느 집사님은 매번 장로 투표에서 떨어지자 자신을 돌아보기보다는 이번에 또 떨어지면 교회를 옮긴다고 공공연하게 떠들고 다닌다는 말을 들은 적이 있다. 이 역시 교회를 모르고 지체의 원리를 모르는 무지의 소치이다.

자신이 최고로 인정받아야 하고 제 잘난 멋에 사는 사람에게 있어서 지체의 원리는 참으로 귀찮은 것이 될 수밖에 없는 것이다.

지체인 성도들은 겸손하게 형제를 귀하게 여기며 서로 협조하고 보완해주며 아름다운 조화를 이루어 나가야 한다. 형제의 짐을 져줄 수 있고 상처를 싸매어주며 그 아픔을 대신할 수 있을 때 비로소 그리스도의 교회가 온전한 몸으로서의 역할을 감당할 수 있다.

한쪽 다리가 병이 들었으면 다른 쪽 다리와 손이 어떻게 해야 하는 지는 잘 안다. 그런데 아직도 지체인 성도들끼리 미워하고 싸우며 헐뜯는 악습을 고치지 못한다면 결코 하나님께서 사용하시지 않을 것이다.

이는 성도를 온전케 하며 봉사의 일을 하게 하며 그리스도의 몸을 세우려 하심이라

(에베소서 4:12)

좋은나무

20

좋은 열매

이천에 있는 어느 교회에서 일어난 일이다. 교회 일을 열심히 하는 어느 청년이 20일 금식을 하고 내려와서 교회 안을 발칵 뒤집어 놓았다고 한다. 내용인즉 금식 후에 목사에게 악령이 씌웠다느니 설교가 형편없다느니 하면서 떠들고 다니는 통에, 많은 교인들이 상처를 받고 교회가 쑥밭이 되었다는 것이다. 참으로 어처구니없는 일이 아닐 수 없다.

그는 기도를 통해서 맺혀지는 아름다운 열매는커녕, 오히려 금식기도 했기 때문에 자기 믿음이 최고인양 착각함으로서 성령께서 원하시는 방향과 정반대로 사탄의 이용물로 전락하고 만 것이다. 사탄은 언제나 사람들을 최고로 만들어 주려고 노력한다. 하나님이 된 것처럼 착각하도록 만드는 것이다.

인간 최초의 범죄 역시 "하나님 같이"라는 사탄의 유혹이었음을 볼 때 인간 내면에 잠재된 최고의 약점이 바로 높임을 받기를 좋아한다는 것이다. 그러므로 우리는 항상 성령님의 인도를 받아야 한다. 성령님의 인도를 받지 않는 것이 얼마나 어리석고 무서운 결과를 초래하는가를 알아야 한다.

성령의 역사는 사람들에게 구체적으로 나타난다. 다시 말해서 인격적으로 나타난다는 것이다. 갈라디아서 5:22절에서는 이를 구체적으로 잘 나타내 보이고 있다. "오직 성령의 열매는 사랑과 희락과 화평과 오래 참음과 자비와 양선과 충성과 온유와 절제니 이 같은 것을 금지할 법이 없느니라."

대부분의 사람들은 이러한 성령의 열매에 대해 무관심하므로 많은 잘못을 범할 수 있다. 즉, 사람 좋은 것과 성령의 인도를 혼동하여 분별력을 잊어버릴 수 있는 것이다.

초신자들은 오랫동안의 신앙경력이나 직분을 보고 상대방의 믿음을 평가하는 경우가 많다. 그러나 양육 없이 임명된 직분자들을 모델로 여기는 것만큼 위험한 일도 없다.

예수님께서도 이 문제에 대해 마태복음 12:33절에서 "나무도 좋고 실과도 좋다 하든지 나무도 좋지 않고 실과도 좋지 않다 하든지 하라 그 실과로 나무를 아느니라" 이 내용을 알기 쉽게 정리해 보면 나무가 좋아야 열매가 좋고, 나무가 나쁘면 열매도 나쁘다는 것이다. 아무리 보기에 좋아 보이는 나무일지라도 그 열매가 나무의 가치를 알려준다. 결국 아름다운 열매를 맺지 못하는 나무는 찍혀 불에 던지운다는 사실은 주님은 엄중히 경고하고 계신다(마 7:20).

수많은 사람들이 미혹되는 능력이나 외모는 얼마든지 사탄이 흉내 낼 수 있으나 성령의 열매는 흉내 낼 수 없다.

그러기에 예수님께서는 열매에 대한 말씀에 이어 마태복음 7:21절 이하를 보면 주여 주여 한다고 해서 모두 하늘나라에 들어가는 것이 아니라 주의 뜻을 행해야 하며, 주의 이름으로 예언을 하고 귀신을 쫓아내며 기적을 행하여도 예수님께서는 도무지 알지 못한다고 말씀하실 뿐 아니라 오히려 악한 자들아 내게서 떠나가라고 말씀하신다.

과정과 모습이 아무리 아름답게 보여도 성령의 인도하심을 받지 않고 자신의 육체를 따라 행한 일이라면 그 열매는 나쁜 열매일 수밖에 없다. 우리의 일이 성령의 인도하심을 받고 있는지 다시 한 번 확인해야만 할 것이다. 예수님의 십자가의 사랑에 사로잡혀 일을 하고 있는가?

오직 성령의 열매는 사랑과 희락과 화평과 오래 참음과 자비와 양선과 충성과

(갈라디아서 5:22)

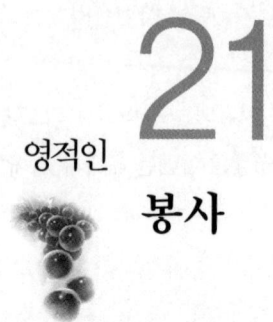

영적인 # 21
봉사

세계 제2차 대전 전에 영국 옥스퍼드대학에서 세계 40명의 위인을 투표로 선정했는데 그 중에 동양인으로서는 유일하게 가가와 도요히꼬가 뽑혔다. 그는 일본의 사회 운동가이며 철저한 크리스천으로 박애가이며 봉사자였다. 이 밖에 39명 역시 기독교적인 봉사정신을 가진 사람들이 뽑혔다고 한다.

신앙의 성장은 봉사라는 모습으로 구체화된다. 말씀을 통한 양육의 결과가 봉사로 나타나지 않는다면 이는 지식화 된 가분수형 신자로 전락할 수밖에 없다. 즉 말씀을 통해 배운 뛰어난 판단력으로 이웃들을 정죄하는 자칭 심판자가 될 수 있다는 것이다.

봉사는 하나님의 요구이며 성도들에게 주어진 특권이기도 하다. 그러나 자칫 잘못하면 봉사가 자신의 욕심을 채우는 수단이 될 수 있음을 알아야 한다. 야곱이 라헬을 얻기 위해 14년간이나 봉사한 것이 그 예라고 볼 수 있다. 육적인 봉사는 자신의 만족은 채워줄지 몰라도 이웃들에게는 유익이 없고 오히려 해를 끼치는 때도 있다.

육적인 봉사의 특장은 대단한 대가와 기대 심리가 작용한다는 것이다. 간혹 우리는 개척 멤버들의 텃세에 대한 소문을 자주 듣는데 이는 아름다운 뜻으로 시작한 봉사가 육적으로 변질된 대표적인 예라고 할 수 있을 것이다. 하나님께서 원하시는 영적인 봉사에는 몇 가지 특징이 나타난다.

첫째, 성령님의 인도하심을 받는다. 빌립보서 3:3절에 보면 "하나님의 성령으로 봉사하며 그리스도 예수로 자랑하고 육체를 신뢰하지 아니하는 우리가 곧 할례당이라"고 말씀하고 있다.

둘째로, 영적인 봉사는 은밀하게 행하여진다. 남으로부터 은근히 인정받고 싶어 하며 자랑하는 봉사가 아니라, 오직 하나님 앞에서 행하는 성실한 봉사가, 예수님께서 원하시는 봉사인 것이다. 예수님께서 산상설교에서 "너는 구제할 때에 오른손의 하는 것을 왼손이 모르게 하여 네 구제함이 은밀하게 하라. 은밀한 중에 보시는 너의 아버지가 갚으시리라"고 말씀하신 것을 통해 잘 알 수 있다.

셋째로, 봉사자는 청지기임을 안다. 봉사할 수 있는 건강과 물질, 시간의 주인이 하나님이심을 분명히 아는 자만이 하나님이 기뻐하시는 봉사로써 많은 사람들에게 하나님의 영광을 나타낼 수 있다.

예수님의 수제자였던 베드로 사도는 이에 대해 "각각 은사를 받은 대로 하나님의 각양 은혜를 맡은 선한 청지기 같이 서로 봉사하라 만일 누가 말하려면 하나님의 말씀을 하는 것 같이 하라 이는 범사에 예수 그리스도로 말미암아 하나님이 영광을 받으시게 하려함이니…"라고 베드로전서 4:10-11절에서 말씀하고 있다.

이런 영적인 봉사는 예수님의 사랑을 알고 하나님을 진정으로 경외하는 자들만이 할 수 있고, 최고가 되고 싶어 하는 교만한 자들은 결코 할 수 없는 천사들도 부러워하는 천국백성들의 성업(聖業)인 것이다.

결국 교회의 모든 구성원들은 영적인 봉사로 섬기는 자들의 모임임을 깊이 인식하고 감사함으로 섬길 때 하나님으로부터 귀하게 여김을 받을 것이다.

사람이 나를 섬기려면 나를 따르라 나 있는 곳에 나를 섬기는 자도 거기 있으리니 사람이 나를 섬기면 내 아버지께서 저를 귀히 여기시리라

(요한복음 12:26)

22

망치를
내리치는 여인

얼마 전 할머니들이 모여서 이야기하는 소리를 들으면서 세상
에 대한 권태감을 느낄 수가 있었다. 대화 속의 주인공은 며느리
였다. "하루 종일 어디를 그렇게 싸돌아다니면서 시어미 생각은
눈곱만치도 안 해!" "우리 애는 씨가 안 좋은지 버르장머리가 너
무 없어!" "아예 말하지 않는 편이 속이 편해!" 비생산적인 말들,
아무런 유익 없는 말들이 세상을 뒤덮고 있는 것이다.

길을 가다가 희한한 광경에 잠시 발을 멈추었다. 젊은 부인이
망치로 무엇인가를 힘껏 내리치고 있었다. 전자오락 게임에 열을
올리고 있는 중이었다. 이곳저곳에서 머리를 내미는 두더지를 향
해 정신없이 망치를 휘두르는 그 여인을 보면서 실소를 금할 수

가 없었다. 두더지의 머리를 향해 휘두르는 저 손이 바로 그 여인의 거짓 없는 마음의 표출이라고 생각했기 때문이다. 얼마나 많은 응어리를 안고 있을까?하고 싶은 말이 무척이나 많을 것이다.

이해해 주지 못하는 그 모든 것들에 대해서 말이다. 바로 망치를 휘두르는 저 여인이야말로 오늘을 살아가는 대표적인 여인이 아니겠는가?풀고 싶은 게 꽤 많은 모양이다. 꼭 참아왔던 감정을 저렇게 해서라도 풀 수만 있으면 다행이 아닌가!

몇 년 전에 고향을 찾아 가던 때의 일이 기억난다. 달리던 버스가 갑자기 멈추었다. 무슨 일이라도 생겼는가?해서 차 앞을 보니까 나이 많은 어떤 여인이 윗도리가 거의 벗겨진 채 차를 향해 욕설을 퍼붓고 있었다. 술에 많이 취한 것같이 보였다. 그는 한 많은 세상을 향해 온갖 욕설을 퍼붓고 있는 것이었다. 그에게도 꿈 많고 아름다웠던 시간들이 있었을 것이다.

성경에는 여인들에 대해 많은 기록을 남기고 있다. 먼저 성경에 기록된 남자와의 관계를 보면 하나님께서 아담이 깊이 잠든 사이에 갈빗대 하나를 취하여 창조하셨기에 아담은 하와를 보고 "내 뼈 중의 뼈요 살 중의 살이라"고 고백하였다.

하나님께서 여자를 창조하시기 전 남자가 혼자 있는 것을 안쓰럽게 보셨고 이를 돕는 배필로 창조하신 것이다. 그렇다고 성경은 남녀 차별을 두고 있는 것이 아니라 남자와 여자는 동등하다고 말씀하고 있다(갈 3:28). 아내들에게 복종을 강조하고 있지만 그보다는 남편의 사랑을 더 강조하고 있다.

남자와 여자 그 어느 한편 없이 살 수 없는 세상이기에 어느 편도 우위에 있지 않음은 당연한 이치이다. 여자의 일은 대신할 수 없다. 그 옛날부터 남자가 할 수 없는 일을 여자들이 했던 사실을 이미 잘 알고 있지만, 성경에도 구체적으로 기록되어 있다.

떡을 만들었고(창 18:6), 물을 길었고(창 24:13), 옷을 만들었으며(잠 31:13), 집안일을 보살폈다(딤전 5:14). 이런 여인을 보며 베드로는 "연약한 그릇이요 생명의 은혜를 유업으로 함께 받을 자이기에 귀하게 여기라"(벧전 3:17)고 남편들에게 부탁하고 있다.

망치를 내리치며, 차를 가로막던 그 여인들은 창조의 질서를 무시하는 모든 피조물들을 향해, 아니 어쩌면 남자들을 향해 질타하고 있는 것이 아니겠는가?

남편들아 아내 사랑하기를 그리스도께서 교회를 사랑하시고 위하여 자신을 주심같이 하라 이는 곧 물로 씻어 말씀으로 깨끗하게 하사 거룩하게 하시고 자기 앞에 영광스러운 교회로 세우사 티나 주름잡힌 것이나 이런 것들이 없이 거룩하고 흠이 없게 하려 하심이니라 이와 같이 남편들도 자기 아내 사랑하기를 제 몸같이 할지니 자기 아내를 사랑하는 자는 자기를 사랑하는 것이라

(에베소서 5:25-28)

23

피조물
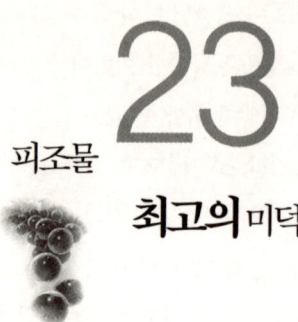
최고의 미덕

오래 전에 친구의 오토바이 뒤에 타고 가다가 빗길에 미끄러지면서 가로수를 들이받고 중상을 입어 병원에 입원한 적이 있었다. 얼굴은 알아볼 수 없을 만큼 퉁퉁 부었고 목 아랫부분은 타박상으로 거의 움직일 수가 없었다. 병원에 실려 간 지 얼마 되지 않아 부모님께서 허겁지겁 달려 오셨다. 얼마 후 목사님께서 심방을 오셔서 어머님을 위로하셨다. "집사님 얼마나 심려가 크십니까?" 그때 어머님은 "아닙니다. 목사님, 우리 가정에 정말 큰 경사가 났습니다. 하나님께서 죽을 뻔 한 아들을 살려 주셨으니 이보다 더 큰 경사가 어디 있겠습니까?" 이 말을 들은 목사님은 오히려 큰 감명을 받았다고 다음 주일 설교시간에 말씀 하셨다고 한다.

살면서 고통 없이 살 수만 있으면 얼마나 좋겠는가? 그러나 삶 속에는 왜 그렇게도 사건들이 많은지! 그런데 성경에서는 고통을 초월하여 살았던 신앙인들의 모습을 찾아 볼 수 있다. 오히려 고통 속에 깔려 있는 하나님의 뜻을 발견하고는 언제나 감사하였던 것이다.

감사에 관한한 사도 바울을 빼고 말할 수는 없다. 그는 보통 사람들이 상상할 수 없을 만큼 많은 고통을 당하였다. 바울은 그의 수난사를 고린도후서 11:23절에서 열거하고 있다. "저희가 그리스도의 일꾼이냐 정신없는 말을 하거니와 나도 더욱 그러하도다. 내가 수고를 넘치도록 하고 옥에 갇히기도 더 많이 하고 매도 수없이 맞고 여러 번 죽을 뻔 하였으니 유대인들에게 사십에 하나 감한 매를 다섯 번 맞았으며 세 번 태장으로 맞고 한 번 돌로 맞고 세 번 파선하는데 일주야를 깊음에서 지냈으며 여러 번 여행에 강의 위험과 강도의 위험과 이방인의 위험과 시내의 위험과 광야의 위험과 바다의 위험과 거짓 형제 중의 위험을 당하고 또 수고하며 애쓰고 여러 번 자지 못하고 주리며 목마르고 여러 번 굶고 춥고 헐벗었노라"

사도 바울의 이 고백을 보면 희망이라고는 도무지 기대할 수 없는 절망과 고통의 사람이었음을 추측할 수 있다. 그런데 그의 삶의 흔적 어디를 보아도 불평하거나 저주했던 어두운 구석을 전혀 찾아볼 수 없다. 오히려 그가 기록한 모든 서신에는 감사가 넘치고 있다.

"항상 우리를 그리스도 안에서 이기게 하시고 우리로 말미암아 각처에서 그리스도를 아는 냄새를 나타내시는 하나님께 감사하노라"(고후 2:14), "아무 것도 염려하지 말고 오직 모든 일에 기도와 간구로 너희 구할 것을 감사함으로 하나님께 아뢰라"(빌 4:6)

사도 바울의 감사는 육의 생명과 비교할 수 없는 구원자 예수님을 만남으로 그 절정에 달하였고, 예수님과의 동행이 감사로 구체화되었다.

복음을 전하다가 빌립보 감옥에 갇혔을 때에도 한밤중에 감사한 마음으로 찬양을 드렸고, 이 감사를 받으신 하나님께서는 큰 지진을 통해 옥터를 흔들어 옥문을 여시는 사랑을 베풀어 주셨다.

감사야말로 인간임을 자각한 겸손한 자의 구체적인 표현이며, 인간의 한계를 인정하는 만족에서부터 시작되는 피조물 최고의 미덕이다. 또한 진정한 감사야말로 천국을 소유한 사람들만이 만끽할 수 있는 하늘의 능력이기에, 이 세상에서 전혀 좋은 환경과 소망이 없었던 사도 바울이 감사를 외치면서 네로의 무자비한 칼날 앞으로 걸어갈 수 있었던 것이다.

> 그러므로 너희가 그리스도 예수를 주로 받았으니 그 안에서 행하되 그 안에 뿌리를 박으며 세움을 입어 교훈을 받은 대로 믿음에 굳게 서서 감사함을 넘치게 하라
>
> (골로새서 2:6-7)

영혼의 **24**

전염병

　현대를 가리켜 자격증 시대라고 말할 수 있을 만큼 우리 사회는 수많은 자격증으로 재능과 능력을 인정한다. 오래 전 무자격 운전기사가 대형 사고를 내고 수많은 사람들이 죽었다는 기사를 신문에서 본 적이 있다. 자격증은 어떤 일을 하기 위해 필요한 능력이 있다고 판단되는 사람에게 그 일에 대해서 일할 수 있는 권리를 부여하는 깃이다.

　하나님께서도 하나님의 일을 위해 일정기간의 시험을 치르고 자격증을 주셔서 큰일을 하신 내용을 성경을 통해서 알 수 있다. 물론 명문화된 종이에 인장이 찍힌 가시화된 자격증을 주시지는 않으셨지만, 그 과정은 너무나 완벽해서 훈련과 시험을 거친 사람은 그 자격에 걸맞는 일들을 실수 없이 해 나갔음을 알 수 있다. 모세는 80년이란 긴 시간 동안의 훈련을 통해 한 민족의 지도자 자격을 획득할 수 있었다. 그 외에도 요셉은 13년, 예수님의 제자들과 사도 바울은 적어도 3년 이상의 훈련을 통해 자격자들이 될 수 있었다.

하나님께서는 개인에게도 일정한 자격을 주시기 위해 훈련을 받게 하시지만 국가나 교회를 그 대상으로 하실 때도 있음을 알아야 한다. 이스라엘 백성이 애굽에서 가나안을 향해 나아갈 때에 45일이면 갈 수 있는 길을 40년 동안이나 광야길에서 연단시키신 것은 바로 이스라엘 모두가 가나안을 소유할 자격자가 되기를 원하셨기 때문이다.

자격을 엄격하게 할수록 그 질적인 향상을 기대할 수 있기에 언제나 강도 높은 연단을 시키신 것이다. 하나님의 기준에 도달하지 못한 사람, 즉 자격을 갖추지 못한 사람들의 특징은 언제나 한 가지로 나타난다. 원망과 불평이라는 일그러진 모습이다. 이스라엘 백성들이 가나안으로 진행하는 동안 자주 일어났던 사건이 바로 원망과 불평이었다.

민수기 21:4-9절에 보면 이스라엘 백성이 에돔 땅을 돌아가기 위해 호르산을 떠나 홍해를 따라 가는 길에서 그들은 돌아가는 고생을 참지 못해 하나님과 모세를 원망하며 불평을 터뜨린다.

가나안이라는 소망의 장소가 그들의 눈앞에 있음을 잊어버린 채 오히려 생각하기도 싫은 애굽의 종살이에 대한 기억을 향수로 미화시키는 모습이야말로 은혜를 배반하기 잘하는 인간의 추한 모습의 대명사라고 보기에 충분하다.

하나님은 진노하셨고 그들에게 독사를 보내어 수많은 사람들이 죽임을 당했던 것이다. 하나님께서 싫어하시는 것을 사용하기에 익숙한 사탄은 언제나 훈련이 덜 된 무자격자들에게 그의 무기인 원망과 불평을 가지고 접근한다. 그런데 이 원망과 불평은 영혼을 급속도로 오염시키는 영혼의 전염병이다. 그러기에 무자격자에게 자격을 주는 것처럼 위험한 일은 없는 것이다.

얼마 전 이웃교회 목사님이 운전하는 차를 타게 되었다. 운전을 너무도 조심스럽게 하셔서 그 비결을 가르쳐 달라고 했더니, 자신은 자동차 면허 시험에 너무 많이 떨어져 운전의 귀중성을 더욱 실감했기 때문이라고 말했다.

오늘날 자격도 없는 직분자들을 임명하므로 발생하는 여러 부작용이 바로 이런 문제가 아닌가 한다. 인간 깊숙히 자리 잡고 있는 명예심 때문에 자격도 되지 않으면서 직분을 탐하는 성도들이나, 하나님의 필요보다 인간의 요구에 의해 직분을 귀하게 생각지 않고 임명하는 목회자들이 치러야 할 홍역이 바로 원망과 불평이라는 사실을 깊이 명심한다면 자격을 갖추기까지 결단코 일을 맡기지 않으셨던 하나님의 깊으신 뜻을 다시금 되새겨 보아야 할 것이다.

　인간의 이치에 아무리 합당해도 원망과 불평을 인정치 않으신 것은 그 결과가 사탄에게 언제나 유익하였고 주위 사람들에게까지 큰 피해를 입혔기 때문이다. 영적 전염병에 걸리지 않기 위해 훈련을 훈련답게 잘 받고 하나님으로부터 인정받는 자격자들이 되어야 할 것이다.

　　　모든 일을 원망과 시비가 없이 하라 이는 너희가 흠이 없고 순전하여 어
　　　그러지고 거스르는 세대 가운데서 하나님의 흠 없는 자녀로 세상에서 그
　　　들 가운데 빛들로 나타내며

　　　　　　　　　　　　　　　　　　　　　　　　(빌립보서 2:14-15)

영적

25

어린아이의 특징

교회는 여러 종류의 사람들이 그리스도를 주님으로 모신 영적인 공동체이다. 예수님을 머리로 하여 성도들은 각 지체로서 맡은 일에 최선을 다할 때 하나님의 나라가 확장되어지는 것이다. 초신자들이나 교회에 거부감을 가지고 있는 사람, 또는 교회를 옮기는 사람들의 이유를 들어보면 교회의 불완전성에 대해 한마디씩 하고 있는 것을 볼 수 있다. 이는 교회 내에 여러 부류의 사람들이 존재하고 있다는 사실을 알지 못한 데서 오는 생각임을 알아야 한다.

사람으로 인해 상처를 받은 것 때문에 교회를 불신한다면 이는 자신에게는 매우 위험한 일인 동시에 안타까운 일이라고 말할 수 있다. 왜냐하면, 교회 내에는 영적으로 어린아이로부터 어른에 이르기까지 다양한 사람들이 있기 때문이다.

다시 말해서 어린아이들만 있는 집에서는 싸움과 요구사항이 많고 불평이 많이 있는 것처럼, 성도들이 매일 싸우는 교회는 영적인 어린아이들로 가득차 있다고 말할 수 있을 것이다. 고린도 교회는 은사적인 면에서는 특출하였으나 그들의 시기와 분쟁은 여러 방면으로 악영향을 끼쳤고, 급기야 사도 바울은 고린도전서 3:1-3절에서 "내가 신령한 자들을 대함과 같이 너희에게 말할 수 없어서 육신에 속한 자, 곧 그리스도 안에서 어린아이들을 대함과 같이 하노라. 내가 너희를 젖으로 먹이고 밥으로 아니하였노니 이는 너희가 감당치 못하였음이거니와 지금도 못하리라. 너희가 아직도 육신에 속한 자로다 너희 가운데 시기와 분쟁이 있으니 어찌 육신에 속하여 사람을 따라 행함이 아니리요"라고 말씀하고 있다.

어린아이들에게서는 몇 가지의 특징이 나타난다.

1) 자기 자신밖에 모르기에 모든 생각이 자기중심적이다.

2) 자기 마음에 맞지 않으면 싸움을 하거나 자기의 주장이 관철될 때까지 떼를 쓴다.

3) 단단한 것은 먹을 수 없어 언제나 부드러운 것을 요구한다.

4) 감당할 수 없는 일이 대다수이기에 일을 맡기면 일을 그르치기 일쑤이다.

5) 요구 조건이 너무 많기에 어른들이 피곤하다.

6) 생각 없이 말을 함부로 한다.

7) 선과 악을 분별할 능력이 없다.

8) 선물이나 먹을 것을 주는 사람은 무조건 좋은 사람으로 알고
따른다.

9) 시기심이 많다.

10) 마음이 약하다.

이러한 어린아이들의 특징이 영적인 어린아이들에게서도 나타
나는 것이다. 특히 이러한 영적 어린아이들의 특징이 신앙의 년
수가 오래된 사람이나 직분자들에게서도 나타날 때 초신자들에
게는 충격과 상처로 남을 수 있고, 교회에 거부감을 가진 사람들
에게는 이야기거리로 남을 수도 있다. 교회가 영적으로 성숙한
자들과 어린아이들과 갓 태어난 신생아들로 이루어져 있기에 잡
음이 끊이지 않는지도 모른다. 그렇다고 해서 이런 문제를 방관
하고 당연시해서는 안 된다. 이런 문제에 계속 휩싸여 있으면 예
수님의 지상명령을 이행하지 못하고 교회로서의 사명을 바로 감
당할 수 없기 때문이다.

교회가 교회로서의 사명을 잘 감당하지 못하면 존재가치가 없
기에 이런 문제로부터 탈피하기 위해서는 영적 성숙을 위한 훈련
에 적극적으로 참가하는 열의가 있어야 하며 이럴 때 어린아이의
모습을 벗을 수 있다.

하나님께서는 하나님의 일이 교회를 통해서 이루어지기를 원하고 계신다. 가정이 마음에 들지 않는다고 가출하게 되면 오히려 불량아가 되어 사회와 가정을 파괴하는 모습을 볼 수 있다. 비록 교회가 많은 문제점을 안고 있다고 해도 하나님께서는 교회를 통해 영광을 받으시고 지상명령이 이루어지도록 한다는 사실을 명심해야만 할 것이다.

소꿉장난을 하고 있는 어린이들은 자신들이 어린이라는 사실을 까맣게 잊어버리고 아빠와 엄마가 된 착각에 빠진다. 오랜 시간의 교회 출석이 자연적으로 영적인 어른으로 키워준 것으로 생각하며 무덤덤하게 어른행세를 하는 자들이 이 소꿉장난의 착각 속에 빠진 어린아이들과 무엇이 다르겠는가?

이 시간에도 주님께서 "너희가 하나님의 성전인 것과 하나님의 성령이 너희 안에 거하시는 것을 알지 못하느뇨 누구든지 하나님의 성전을 더럽히면 하나님이 그 사람을 멸하시리라 하나님의 성전은 거룩하니 너희도 그러하니라"고 말씀하고 계심을 명심하자.

> 너희가 하나님의 성전인 것과 하나님의 성령이 너희 안에 거하시는 것을
> 알지 못하느뇨 누구든지 하나님의 성전을 더럽히면 하나님이 그 사람을
> 멸하시리라 하나님의 성전은 거룩하니 너희도 그러하니라
>
> (고린도전서 3:16-17)

26

"왜"라는

병 때문에

　인류 최초의 범죄를 유도하는데 성공한 사탄은 지금도 그의 특유의 무기들을 가지고 계속해서 인간에게 접근하고 있다. 인간은 오래 전부터 심각한 병 때문에 고통을 당하고 있다. 그 병은 바로 "왜"라는 병이다. 이 병에 걸린 사람은 증상이 금방 나타나지 않지만 자신도 모르는 사이에 서서히 침몰해가는 특징을 가지고 있다.

　최초로 이 병에 걸린 사람은 하와이다. 하와가 아름다운 에덴동산을 거닐고 있을 때 뱀이 그에게 살그머니 다가와서는 몇 마디의 질문을 했고 "왜"라는 병을 심어준다. 그들의 대화를 자세히 관찰해 보자.

뱀: 하나님이 참으로 너희더러 동산 모든 나무의 실과를 먹지
   말라 하시더냐?

하와: 동산 나무의 실과를 우리가 먹을 수 있으나 동산 중앙에
   있는 나무의 실과는 하나님의 말씀에 너희가 먹지도 말고
   만지지도 말라 너희가 죽을까 하노라 하셨느니라.

뱀: 너희가 결코 죽지 아니하리라 너희가 그것을 먹는 날에는
   너희 눈이 밝아 하나님과 같이 되어 선악을 알 줄을 하나님
   이 아심이니라.

이들의 대화를 보면 "왜"라는 의미가 대화의 뒷배경을 감싸고
있음을 알 수 있다. 사탄은 언제나 우리의 마음속에 "왜"라는 물
음표(?)를 집어넣고 여러 가지의 상상력을 동원하여 의심과 미움
으로 가득 차게 한다. 그리고 결국에는 다툼과 분쟁으로 이간시
켜 버리고 만다.

순종과 불순종의 차이는 바로 이 "왜"라는 물음표가 있느냐 없
느냐에 따라 결정이 된다. 믿음의 조상 아브라함에게는 "왜"라는
물음표가 없었다. 갈 바를 알지 못하고 고향을 떠나면서 순종했
던 그는 모리아산을 향해 아들을 제물로 드리러 가면서도 아무런
말이 없었다.

"왜"는 언제나 사탄의 이용물이 되어 왔고, 사건을 크게 확대시
키며 복잡하게 만들어 왔다. 묵묵히 자신의 일에 최선을 다하는

사람들은 "왜"라는 말이 없다.

"왜"라는 물음표가 마음을 지배하는 순간 몇 가지의 현상이 나타난다.

1) 단순한 사건이 복잡하게 보인다.

2) 조그만 문제가 엄청나게 크게 보인다.

3) 자신의 손해에 민감하게 된다.

4) 상상력을 최고로 극대화시킨다.

5) 마음의 평안을 소유할 수 없다.

6) 자신의 주관적 지혜로 판단하고 해결하려 한다.

7) 인간의 이성, 즉 합리적인 사고방식에 의해 문제의 해결점을 찾으려고 한다.

8) 문제가 해결될 때까지 의심이 떠나지 않는다.

9) 인간관계에서 언제나 갈등과 미움으로 끝나게 된다.

10) 하나님과 멀어져 영적으로 어두워지는 계기가 된다.

결국 "왜"라는 병은 사탄의 거짓말(창 3:4)과 영적인 불안정(약 1:6-7), 그리고 세상적인 지혜로부터 시작되는 인류가 지닌 가장 오래된 병이다.

예수님은 의심과 갈등의 원인이 되는 "왜"라는 병의 해결책을 제시하셨다. "사람이 하나님의 뜻을 행하려 하면 이 교훈이 하나님께로서 왔는지 내가 스스로 말함인지 알지라"(요 7:17). 이는

"왜"라는 병이 생기게 되면 하나님께서 기뻐하시는 일을 전혀 할 수 없기에 하나님의 뜻을 확실히 깨닫는 것이 중요함을 가르치는 말씀이다.

열심히 성경을 상고하고 간절한 마음으로 말씀을 받을 때에 "왜"라는 병은 마음속에서 자리를 잡을 수 없을 것이다.

> 사람이 하나님의 뜻을 행하려 하면 이 교훈이 하나님께로서 왔는지 내가
> 스스로 말함인지 알리라
>
> (요한복음 7:17)

복의

27

개념

사람들이 가장 좋아하는 말이 복 받으라는 말이다. 어디에서부
터 오는지, 그 의미가 무엇인지 몰라도 그저 복이라면 입이 벌어
지는 세상이기에 복의 종류도 여러 가지이다. "돈복", "자식 복",
"아내 복", "남편 복", "건강 복", "부모 복", "친구 복", 등등…

교회에 처음 나오는 사람들의 대부분은 복에 대한 기대감으로
가득 차 있다. 그러다가 그 기대감이 무너져 버리면 실망으로 얼
굴을 붉히는 사람들을 간혹 볼 수 있다. 그리고는 "예수 믿는 것과
복과는 별로 상관이 없는 것 같아"라고 말하기도 한다.

대체적으로 사람들은 소원하는 것과 복을 일치시키려고 한다.
그래서 그 소원하는 것이 자신이 바라는 시기에 이루어지지 않으

면 복을 자신에게는 상관이 없는 추상적인 개념으로 취급해버리기 십상이다. 그러나 하나님께서는 사람을 속이거나 약속을 어기는 분이 아니다. 만약 내 생각대로 복을 주시지 않으면 이는 복을 받을 수 없는 문제가 있을 것이고 그 문제점을 살피는 시간이 필요할 것이다. 축복의 특징 중에 가장 중요한 것은 축복은 하나님으로부터 시작되었다는 사실이다.

창세기 1:28절에 보면 "하나님이 그들에게 복을 주시며 그들에게 이르시되 생육하고 번성하여 땅에 충만하라…"고 하셨는데 이는 축복이 하나님의 손 안에 있는 절대적인 권한으로 사람들에게 주시는 선물임을 알게 해 준다.

이 축복은 인간들의 주관적인 사고와 일치하지 않는다. 그러기에 어떤 이들은 예수 믿는 것과 복 받는 것은 별개라고 말하기도 하지만 이런 생각은 참으로 어리석고 성급한 판단이 아닐 수 없다. 이런 의문점을 해결하기 위해 하나님께서 주시는 복의 개념에 나타난 몇 가지 특징을 생각해 보아야 한다.

첫째, 복은 하나님의 약속에 근거한다. 하나님께서 아브라함을 일방적으로 선택하시고 그에게 축복을 약속하신 것이 바로 그 예라고 할 수 있다(창 12:1-3). 또한 하나님께서는 그의 백성들에게 여러 계명과 함께 축복을 약속하고 계신다. 부모공경을 통해 장수의 축복을, 온전한 십일조를 통해 물질의 축복 등이 바로 그 예라고 할 수 있다.

둘째, 복은 순종과 함께 주어진다. 신명기 28:1-3절에 보면 "네가 네 하나님 여호와의 말씀을 삼가 듣고 내가 오늘날 네게 명하는 그 모든 명령을 지켜 행하면 네 하나님 여호와께서 너를 세계 모든 민족 위에 뛰어나게 하실 것이다. 네가 네 하나님 여호와의 말씀을 순종하면 이 모든 복이 네게 임하며, 네게 미치리니 성읍에서도 복을 받고 들에서도 복을 받을 것이며"라고 말씀하셨다. 이는 말씀에 대한 순종이 축복의 열쇠임을 가르치는 말씀인 것이다.

셋째, 복은 기다리는 자에게 주어진다. 많은 사람들은 자신이 원하는 시간에 복을 소유하기를 원하지만 복은 하나님께서 주시는 것이므로 하나님께서 허락하시는 시간까지 기다려야 하는 것이다. 아브라함의 안내는 백세에 아들 이삭을 얻을 수 있었고, 요셉은 총리대신이 되는 영광을 소유할 수 있었다.

넷째, 복은 고통을 이긴 결과로 주어진다. 사람들은 복이 공짜로 그저 굴러 들어온다고 생각하지만 복은 고통의 시간 이후에 주어지는 기쁨이다. 성경을 보면 그저 적당하게 대충 살았던 사람들에게 복이 주어졌다는 말씀은 찾아볼 수 없다. 유혹과 환난을 이긴 결과가 복으로 나타난 것이다. 다니엘과 그의 세 친구들이 사자굴과 용광로(풀무) 속을 건넌 후에 비로소 복된 자리에 앉게 된 사실로 이를 증명할 수 있을 것이다.

다섯째, 하나님께서 주신 복은 미래적이며 영원하다. 한 사람이 원하는 일시적이며 현세적이고 제한적인 소망과는 엄청난 차이가 난다. 하나님은 그의 자녀들의 후손의 문제와 내세에 대한 복까지도 준비하시는 분이다(신 28:4-6).

여섯째, 하나님께서는 복에 대한 선택권을 그의 백성들에게 주셨다. 하나님은 복을 준비하시고 복을 택할 것인가 아닌가에 대한 요구를 신명기 11:26-28절에서 말씀하신다. 이는 우리가 이 복을 소유할 수 있는 자격이 있음을 보여주는 내용이라고 할 수 있다. 오늘도 이 말씀은 우리를 향하여 계속 선포되고 있다.

"내가 오늘날 복과 저주를 너희 앞에 두나니 너희가 만일 내가 오늘날 너희에게 명하는 너희 하나님 여호와의 명령을 들으면 복이 될 것이요 너희가 만일 내가 오늘날 너희에게 명하는 도에서 돌이켜 떠나 너희 하나님 여호와의 명령을 듣지 아니하고 본래 알지 못하던 다른 신들을 좇으면 저주를 받으리라."(신 11:26-28)

하나님께서는 아직도 가득차 있는 하늘 창고의 복을 보시면서 안타까워하시지 않을까?

> 여호와께서 아브람에게 이르시되 너는 너의 본토 친척 아비 집을 떠나 내가 네게 지시할 땅으로 가라 내가 너로 큰 민족을 이루고 네게 복을 주어 네 이름을 창대케 하리니 너는 복의 근원이 될지라 너를 축복하는 자에게는 내가 복을 내리고 너를 저주하는 자에게는 내가 저주하리니 땅의 모든 족속이 너를 인하여 복을 얻을 것이니라 하신지라
>
> (창세기 12:1-3)

공동체 **28**

의식

　단체 경기에서 가장 중요한 것은 팀워크다. 개개인이 아무리 특출해도 팀워크가 흐트러지면 약한 팀에게도 패할 수밖에 없다. 한국인 개개인은 어느 민족과 비교해도 뒤지지 않지만 4-5명만 모이면 내세울 만큼 별로 강하지 않다고 한다. 그래서인지 개인 경기인 권투나 레슬링, 유도 태권도 등은 강국으로 인정받은 지 오래지만 단체경기에서는 몇 종목을 제외하면 괄목할만한 성과가 없는 것을 알 수 있다.

　외국에 나가 있는 선교사들의 이야기를 들어보면 거의 하나같이 공동된 수장이 있는데 이는 팀 사역의 중요성이다. 혼자서 선교지를 향해 떠나는 결단도 중요하지만 이들을 위한 기도와 물질적인 후원, 그리고 함께 선교지에서 동참할 동역자가 있다면 그 이상의 좋은 조건은 없을 것이다.

예수님께서 제자들과 함께 3년 동안 사역하시면서 그들에게 일깨워 주신 것 역시 공동체 의식을 가진 팀 사역이었음을 알 수 있다. 3년 동안의 사역을 통해 그들은 예수님의 가르침과 뜻을 파악할 수 있었고, 함께 사역한 동료들의 특성과 습관, 장단점을 잘 알아서 서로 보완적인 역할을 함으로 복음 전파에 최대의 효과를 거둘 수 있었다고 할 수 있다.

주님께서 전도현장으로 한 명씩 보내시지 않고 둘씩 짝지어 보내신 사실은 복음 전파가 개인보다는 잘 조화된 팀워크 속에서 더 효과적이었음을 인식하신 것일 것이다. 이는 주님께서 십자가에 달리시기 전에 간절히 기도하신 내용을 통해 더 확실히 알 수 있다.

"나는 세상에 더 있지 아니하오나 저희는 세상에 있사옵고 나는 아버지께로 가옵나니 거룩하신 아버지여 내게 주신 아버지의 이름으로 저희를 보전하사 우리와 같이 저희도 하나가 되게 하옵소서"(요 17:11)

"아버지께서 내 안에 내가 아버지 안에 있는 것 같이 저희도 다 하나가 되어 우리 안에 있게 하사 세상으로 아버지께서 나를 보내신 것을 믿게 하옵소서"(요 17:21)

"내게 주신 영광을 내가 저희에게 주었사오니 이는 우리가 하

나가 된 것 같이 저희도 하나가 되게 하려 함이니이다"(요 17:22)

이상의 본문을 보면 예수님은 "하나"라는 단어를 통해 그의 백성들이 공동체 의식을 가지고 하나 된 팀워크로 하나님의 영광을 나타내며 복음전파에 전력할 것을 소원하고 계심을 알 수 있다.

특히 교회에 나타난 지체의 원리가 이를 더욱 명확히 해주고 있다. 예수님은 제자들을 선택하실 때 각 개인의 개성이나 능력을 보신 것이 아니다. 세상에서 인정받지 못한 평범한 사람들이었으나 3년이 지난 후 그들은 전 세계를 변화시킬 수 있는 그야말로 예수님의 제자들로서 손색없이 성장 하였다.

하나님께서는 자신이 만드신 가정과 교회가 하나가 되어 하나님을 기쁘시게 해주기를 원하고 계신다. 하나님의 사역을 훌륭하게 수행했던 자들은 언제나 팀 사역을 잘 감당했다.

사도 바울이 로마를 복음화 시키는데 성공할 수 있었던 것 역시 이런 하나 되는 원리를 알고 동역자로서 훌륭한 팀 사역을 감당할 수 있었던 에바브라, 마가, 아리스다고, 디모데, 누가 등이 로마감옥까지 좇아가는 공동체 의식을 가졌기 때문이다(몬 1:3).

가정 역시 브리스길라와 아굴라와 같이 팀 사역의 멤버이며 부부로서 공동체 의식을 가질 때에 하나님께서 사용하셨다(롬 16:3-4).

자신의 모난 부분을 깎아내는 진통이 없이는 하나가 될 수 없고, 공동체 속에서 자신의 장점으로 형제의 단점을 메우는데 소리 없이 사용하며 인내할 때 비로소 하나님 나라에서 칭찬받을 수 있는 것이다.

공동체 의식이 약한 개인주의적이며 이기주의적인 사람들은 하나님의 일에 동참할 수 있을지는 모르나 하나님께서는 결코 일을 맡기시지 않을 것이다.

주님의 "하나 되게 하소서"의 기도 소리를 매일매일 들을 줄 아는 사람을 주님은 오늘도 분명 찾고 계실 것이다.

그러므로 주 안에서 갇힌 내가 너희를 권하노니 너희가 부르심을 입은 부름에 합당하게 행하여 모든 겸손과 온유로 하고 오래 참음으로 사랑 가운데서 서로 용납하고 평안의 매는 줄로 성령의 하나 되게 하신 것을 힘써 지키라 몸이 하나요 성령이 하나이니 이와 같이 너희가 부르심의 한 소망 안에서 부르심을 입었느니라 주도 하나요 믿음도 하나요 세례도 하나요 하나님도 하나이시니 곧 만유의 아버지시라 만유 위에 계시고 만유를 통일하시고 만유 가운데 계시도다

(에베소서 4:1-6)

십자가와 29
말세

　예수님께서 베드로의 신앙고백을 들으신 후에 사람들에게 하신 말씀은 말세를 살아가는 성도들에게 큰 의미를 주시는 말씀이 아닐 수 없다.

　"아무든지 나를 따라 오려거든 자기를 부인하고 날마다 제 십자가를 지고 나를 좇을 것이니라"(눅 9:23)

　십자가의 의미를 모르는 사람을 제자라고 부를 수가 없기에 예수님은 자기 십자가를 지고 나를 좇으라고 말씀하신다.

　오늘날 예배당을 채우는 수많은 사람들 가운데 십자가를 너무 미화시켜 아름답고 고상한 장식품 정도로 생각하는 사람들이 많이 있음은 참으로 안타까운 일이 아닐 수 없다. 그러기에 나를 위해 돌아가신 그 고통의 십자가를 바라보면서도 아무런 감정이 없는 무감각한 상태에 그대로 머물러 있는 것이다.

교회는 그저 편하고 복 받기만을 원하여 십자가를 바라보는 구경꾼들의 모임이 아니라, 십자가를 지고 땀을 흘리며 예수님을 좇아가는 일꾼들의 모임이 되어야 함을 예수님은 가르치셨다. 특히 말세에 나타나는 현상들은 성도들을 더욱 주님과 멀어지게 하기에 제 십자가를 지고 좇으라는 말씀은 더 큰 의미를 가지고 있다고 할 수 있다.

로마 감옥에서 순교의 날을 기다리며 사랑하는 아들 디모데에게 보낸 서신인 디모데후서에서 바울 사도는 말세에 나타나는 퇴폐적인 현상에 대해 염려하며 예수님의 제자답게 살기를 원하고 있다. 디모데후서 3:1-5절에서 말세의 현상을 실감나게 대할 수 있다. 그 내용을 요약해 보면

1) 사람들이 자기를 사랑하는 이기주의자들이 된다.

2) 돈을 너무 사랑하여 물질 지상주의가 된다.

3) 자신을 뽐내며 교만하여 하나님을 무시하는 일을 대수롭지 않게 생각한다.

4) 부모와 자식 간의 윤리까지도 무너지는 도덕적인 혼란의 시대가 된다.

5) 감사할 줄 모른다.

6) 죄에 대한 감각이 무디어져 버린다.

7) 사랑이 없고 용서라는 것을 모른다.

8) 사람들이 사나 와서 하나님에 대한 감각이 무디어진다.

9) 배반을 쉽게 하여 인간이 지켜야 할 신의가 땅에 떨어진다.

10) 쾌락 사랑하기를 하나님 사랑하는 것보다 더한다.

11) 경건의 모양을 갖춘 사람은 많으나 경건의 능력을 소유한
사람이 적다.

말세가 가까울수록 십자가의 의미를 왜곡시키는 사람들이 많
이 있다. 어느 경건한 성도가 영국에 있는 한 교회의 예배에 참석
했는데, 그 교회 목사의 하는 말에 깜짝 놀랐다고 한다. 성찬식을
거행하면서 떡과 포도주 대신 자기는 교인들에게 아름다운 꽃을
나누어 주겠다고 말하고는 꽃을 나누어 주더라는 것이다.

십자가상에서 상하신 몸과 흘리신 피보다는 향기롭고 아름다
운 꽃을 좋아하는 현대인들의 감각적인(시각, 후각, 미각) 신앙은
언제나 목에 걸고 다니는 금 십자가와 같이 액세서리로 그칠 수
밖에 없다. 십자가는 짊어지고 걸어갈 때에 흘러내리는 땀과 고
통으로 인해 기쁨을 소유할 수 있다.

예수님께서는 이 땅에 오셔서 실제적으로 행함으로 모든 모범
을 보여 주셨다. 그런데 오늘날 현대인들은 그림을 보며 눈물 흘
리는 정도의 시각성 믿음만으로 만족하려고 한다. 이런 믿음으로
는, 여러 모양으로 유혹하는 말세의 현상 앞에 속수무책으로 당

할 수밖에 없다.

독일의 성직자이며 성인으로 불린 토마스 아켐프스가 "예수의 천당에 가기 원하는 사람은 많으나, 예수의 십자가를 질 사람은 적다"라고 한 말은 말세적인 현상 속에서도 무감각한 그리스도인들이 들어야 할 경고가 아닌가 한다.

> 내가 온 것은 사람이 그 아비와, 딸이 어미와, 며느리가 시어미와 불화하게 하려 함이니 사람의 원수가 자기 집안 식구리라 아비나 어미를 나보다 더 사랑하는 자는 내게 합당치 아니하고 아들이나 딸을 나보다 더 사랑하는 자도 내게 합당치 아니하고 또 자기 십자가를 지고 나를 좇지 않는 자도 내게 합당치 아니하니라 자기 목숨을 얻는 자는 잃을 것이요 나를 위하여 자기 목숨을 잃는 자는 얻으리라
>
> (마태복음 10:35-39)

30

교만

처음보다 나중이 좋지 못해 실패한 사람들을 우리는 많이 볼 수 있다. 그 대표적인 사람이 바로 이스라엘의 초대 왕 이었던 사울이다. 사울의 이력서를 보면, 베냐민 지파의 기스의 아들로 태어나 그를 왕으로 삼으려는 사무엘 선지자에게 "나는 이스라엘의 가장 작은 지파 베냐민 사람이 아니오며 나의 가족은 베냐민 지파 모든 가족 중에 미약하지 아니하니이까 당신이 어찌하여 내게 이같이 말씀하시니이까"라고 말하며 자신의 부족함을 스스로 인정한다.

이후 사울은 암몬 족속과의 싸움에서 승리하고 그 다음 블레셋과 싸우려 할 때 사무엘이 기한이 지나도록 오지 않자 자기 마음대로 하나님께 번제를 드림으로써 사무엘로부터 심한 책망을 받는다. 이후에 또 아말렉과의 싸움이 시작되자 하나님께서 아말렉 백성과 모든 소유를 진멸하라고 명령하셨으나 거역하고 살찌고 좋은 양을 남겨둠으로 또다시 사무엘에게 책망을 받는다. 그 후 마지막 블레셋과의 싸움에서 세 아들 요나단, 아비나답, 말기수가 전사했다는 소식을 들은 사울왕은 자기도 칼 위에 엎어져 죽음으로 재위 40년을 비극으로 마감하게 된다.

　사울의 교만은 두 가지의 특징으로 나타나는데,
　첫째는 하나님에 대한 불순종과, 둘째는 자신이 해서는 안 되는 제사장의 권한까지 침범한 월권으로 볼 수 있다.
　교만은 처음부터 시작되지 않는다. 처음에는 누구나 겸손할 수 있으나 시간이 지남에 따라 익히고 배운 지식이나 물질에 대한 우월감이 생긴다. 이것이 도가 지나칠 때 급기야 이웃을 무시하며, 자신을 은근히 과시하고 싶은 욕망에서부터 교만한 현상들이 나타나기 시작한다. 그러기에 하나님께서 가장 경계하신 것이 바로 이 교만이다.

　성경에 나타난 교만의 기원을 보면 하나님을 거역하는데서 부터 시작된다(단 5:20-23). 자신의 높은 지위나 부족함이 없는 현재의 만족 상태로 인해 하나님의 명령을 대수롭지 않게 여기게 되고, 결국에는 자신과 이웃들이 파산하는 이유를 볼 수 있다.

또한 교만은 자신을 의롭다고 여기는데서 부터 시작된다. 예수님 당시 바리새인들은 대단히 의롭다고 자부하는 사람들이었다. 그들의 기도의 내용을 보면 자랑으로 가득 차 있었다. 다른 사람들과 구별됨을 강조하였고, 자신들의 경건생활에 대해 지극히 만족하고 있었다. 예수님께서는 그들을 향해 "독사의 자식들" "회칠한 무덤 같은 자들" 이라는 책망을 서슴지 않으셨다.

성경에서 교만이야말로 악인의 전형이며(시 73:6), 말세에 나타나는 전형적인 모습이라고(딤후 3:1)한 것만 보아도 얼마나 큰 죄악인가를 알 수 있다. 고대 바벨론과 페르샤 그리고 로마제국과 나치스와 파시스트 등이 그 대표적인 예라고 볼 수 있다.

더욱이 하나님의 선민임을 자랑하고, 회개에 인색했던 이스라엘의 심판이야말로 그 어느 민족보다도 더욱 비참했던 사실에서 하나님께서 교만을 얼마나 싫어하시는가를 알 수 있다. 교만한 자에 대한 하나님의 태도는 지나칠 정도로 엄격하시다.

교만한 자에 대한 하나님의 태도를 보면

1) 교만한 자를 꾸짖으시며(시 119:21),

2) 교만한 자를 미워하신다(잠언 6:17-17).

3) 교만한 자를 물리치시고 대적하신다(약 4:6).

오랫동안 목회를 하신 목사님들의 공통적인 말씀 중에 하나는 초신자 때는 성실하고 신실하게 보이던 사람도 직분자만 되면 이상할 정도로 사람이 변한다는 것이다. 이는 바로 잠재된 교만의 표출이라고 해도 틀린 말은 아닐 것이다.

교만은 자신을 너무도 사랑한 나머지 나타나는 현상으로, 하나님의 능력 앞에 완전히 굴복치 못한 증거라고 볼 수 있다. 하나님께서는 교만을 빼내시기 위해 그의 사랑하는 자들에게 여러 훈련을 통과하도록 하셨다.

예를 들어 이스라엘 백성들의 광야 40년 동안의 훈련, 개인적으로는 모세의 80년간의 훈련기간과 요셉의 애굽에서의 13년, 사도 바울의 아라비아 사막에서의 훈련 등이 바로 교만으로부터의 자유를 주시기 위함이었음을 알 수 있다.

오랜 시간 훈련을 거쳤다고 해도 언제나 시작하는 자세로 살아갈 때 하나님의 보호를 받을 뿐 아니라 이웃으로부터 사랑을 받을 수 있을 것이다. 그러기에 주님께서는 이 시간에도 "선 줄로 생각하는 자는 넘어질까 조심하라"고 말씀하고 계신다.

그런즉 선 줄로 생각하는 자는 넘어질까 조심하라

(고린도전서 10:12)

31

문둥병

사람들이 가장 무서워하는 병중의 하나가 바로 나병이라 불리는 문둥병이다. 세계보건기구(W. H. O)의 통계에 의하면 추정 나환자 수가 약 천만명에 이르고 그 중에 아프리카 대륙이 가장 많고 유럽이 가장 적다고 한다.

이 병에 대한 역사적인 기록은 구약성경으로 거슬러 올라갈 수 있다. 레위기 13장에 보면 문둥병에 대해 기록하고 있다. 특히 모세의 누이 미리암이 모세가 이디오피아 여인과 결혼한 것을 비난하며 욕하자 하나님께서는 미리암의 온 몸이 문둥병에 걸려 하얗게 되게 하셨다. 모세는 누이의 처참한 모습을 보며 오히려 하나님께 고쳐 달라고 간절히 기도함으로 문둥병이 깨끗이 치유된 것을 민수기 12장에서 알 수 있다. 저주받은 자의 병이라고 불리는 이 병은 모든 사람의 공포의 대상이 되었다.

우리나라에도 이 병이 오래 전부터 시작되었을 것으로 여겨지지만 문헌의 기록상으로는 1059년 고려 문종 때부터 나병에 대한 인식이 있었고, 조선 세종 때인 1450년경에 제주도에 나환자 수용소를 만들고 치료를 했다는 기록이 세종 장헌대왕 실록에 있다.

성경에는 특히 이 문둥병에 대해서 많은 부분을 할애하고 있다. 이는 문둥병이 다른 병보다 특이한 성질을 가지고 있기 때문이다. 성경에 나타난 문둥병 발병의 특징을 보면 하나님의 징벌로 나타남을 볼 수 있다.

다윗의 중신 요압이 공의를 저버리고 아브넬을 죽였을 때 다윗은 그 죄의 대가로 요압의 후손들이 성병과 문둥병에 걸릴 것이라고 말한 것을 통해 알 수 있다(삼하 3:29). 그런데 이 병은 부정한 병이라 하여 예배에 참석할 수 없고(대하 26:21), 제사장이 될 수 없으며, 그 병에 걸려 있는 동안은 격리되어 있어야 한다.

레위기 13:46절에 보면 "병 있는 동안은 늘 부정할 것이라 그가 부정한즉 혼자 살되 진 밖에서 살지니라"고 말씀하고 있다. 이 병에 걸린 자가 격리되어야 하는 이유는 바로 전염성 때문이다. 이 전염성 때문에 죽은 후에도 격리해서 매장하였다. 지위고하를 막론하고 이 병에 걸리면 사람들과 격리되는데, 웃시야는 16세에 유대왕이 되어 다윗처럼 여호와를 경외하므로 어떤 적이든지 이기게 되었는데 그의 명성이 높아지자 교만해져서 독단적으로 성전에 들어가서 분향하였다. 그는 그 죄로 문둥병에 걸려서 죽을 때까지 별궁에서 격리되어 지내다가 756년에 죽어 장사되매 문둥병자라 하여 열 왕들의 무덤 곁에 장사지내게 된다.

사람들은 눈에 보이는 육적인 전염병을 보면 멀찍이 도망치며 조심한다. 그러나 정작 하나님께서 중요시하는 영혼이 문둥병에 걸릴 수 있다는 사실에는 무감각하다. 전염병이란 자신 혼자만이 병으로 고통당하는 것이 아니라 이웃에게까지 돌이킬 수 없는 불치의 병으로 남게 할 수 있다. 아무리 건강하던 사람도 이 병에 걸리면 죽어갈 수밖에 없듯이 문둥병은 참으로 무섭다.

문제는 이러한 병에 걸린 사실을 알고 자신이 환자임을 인식하는 사람과 그렇지 못한 사람과의 차이 또한 크다는 것이다. 자신이 환자임을 아는 사람은 대인과의 관계에 대해 조심할 수 있으나, 그렇지 못한 사람들은 참으로 문제아들이 아닐 수 없다.

교회 내에는 수많은 사람들이 모여 있기에 이런 영혼의 문둥병에 걸린 사람들이 있을 수 있다. 이런 병자들이 있을 때 하나님의 양을 위임받은 목회자들은 정확하고 재빠른 진단을 해야 할 것이다.

이 병에 걸린 사람들에게는 성물을 먹이지 말아야 하며(직분을 임명하거나, 주의 일을 맡기지 말아야 할 것) (레 22:4), 병의 증세가 심각할 때에는 격리시키는 결정도 해야 한다(민 5:1-3). 더욱이 이 병에 대한 면역성을 키우기 위해 영적인 훈련을 부지런히 시켜야 할 것이다.

영적인 문둥병이야말로 자신과 이웃을 망치며 하나님의 사역을 방해하므로 하나님의 진로를 면할 수 없음을 알고 영의 병을 고쳐주는 영의 양식인 말씀을 부지런히 먹어야 할 것이다. 당신은 영적 문둥병자가 아니라고 장담할 수 있는가?

아론의 자손 중 문둥 환자나 유출병이 있는 자는 정하기 전에는 성물을 먹지 말 것이요

(레위기 22:4)

교회 성장의 **32**
방해꾼들

이스라엘 백성들이 가나안을 향해 진군하던 40년 동안 가장 큰 문제는 내부에 존재하고 있는 적이었다. 외부에서 그들을 노리던 적들은 노출되어 있기에 언제나 경계의 대상이 되어 오히려 별 문제가 없었으나 내부에 존재하고 있는 적은 겉으로 드러나지는 않지만 큰일을 저질러 동족에게 큰 상처와 함께, 하나님의 진노를 사게 되는 결과를 가져왔던 것이다.

그런데 이 내부의 적은 개인주의적인 이기심으로부터 시작되었다. 자신을 위한 자존심, 물질에 대한 욕심, 자신의 안일만을 위한 마음 등은 언제나 공동체의 최대의 적으로 존재하였다.

이스라엘 백성이 난공불락의 성 여리고를 격파하여 한참 사기가 올라 있을 때 충격적인 소식이 들려왔다. 2천~3천명만 가지면 충분히 이길 수 있는 아이성을 빼앗기 위해 전투에 참여한 3000명의 군사가 아이군 앞에서 패하여 36명이 죽고 나머지 군사들은 스바림이라는 곳까지 도망쳐 전의를 상실한 채 기진맥진하여 떨고 있다는 것이었다. 이 사실을 들은 이스라엘 백성들은 여호수아를 위시하여 모든 지도자와 백성들이 옷을 찢고 통곡하며 티끌을 뒤집어쓰고 해가 저물도록 하나님의 법궤 앞에 엎드려 부르짖었다. 이러한 전 민족의 고통에 대해 하나님께서는 불순종한 한 명 때문에 이런 비극이 일어났음을 지적하신다.

유다 지파 갈미의 아들 아간이 전쟁에서 빼앗은 전리품의 일부를 훔쳤기 때문에 일어난 사건이었다. 이렇게 단 한명의 범죄가 수백만 명의 마음을 갈기갈기 찢어놓을 수 있다는 사실은 이해할 수 없는 사건같이 여겨지나 하나님께서 사랑하시는 그의 백성을 향한 뜻이 무엇인지를 잘 가르쳐주고 있다. 특히 주님께서 강조하셨던 지체의 원리가 이 사건을 통해 잘 조명되고 있다. 이렇게 외부의 적보다는 내부의 적이 더 무서운 것은, 몸에 생긴 조그만 병 때문에 몸 전체가 고통을 받기 때문이다.

교회 안의 가장 큰 적은 바로 내부에 있다는 사실을 심각하게 받아들이는 사람들이 예상 외로 적다는 사실이 사탄으로 하여금 더 쉽게 하나님의 사역을 방해하도록 한다. 이는 가정에서 불화가 있으면 직장에서 자신의 능력껏 일할 수 없는 것과 같다.

교회의 성장을 방해하는 방해꾼들은 바로 교인들인 경우가 많다. 더더욱 직분자들은 최대의 방해꾼들이 되어 하나님의 영광을 가리며 형제들에게 씻을 수 없는 상처를 남길 수 있다는 사실을 알아야 한다.

어떤 형제와 상담을 하는 중 그 자신이 신앙성장을 하지 못한 이유가 바로 어머님의 잘못된 신앙관 때문이었다고 고백을 하는 것을 들었다. 교회로 인도하신 분도 어머니였고 그를 위해 매일 기도하시는 분 역시 어머니였으나 집사가 되고 권사가 되면서 교회의 잘못된 점을 영적 성숙이 덜 된 아버지와 자신에게 자주 이야기 하는 바람에 아버지와 자신은 교회에 대해 부정적이 되고 그저 형식적인 신앙생활을 수십 년 동안 해왔으며, 특히 목회자들과도 언제부터인가 깊은 골이 패여 거부감과 거리감을 두고 살아 왔다는 것이다.

그것이 자신이 영적으로 질이 나쁜 어린아이가 된 가장 큰 이유임을 말씀을 통해 깨달았다는 이야기를 들으면서, 도와주고 보완해주어야 할 형제들이 무책임하게 말을 내뱉음으로써 오히려 하나님께 거리를 두게 하는 장본인이 되고 이것이 오늘 교회와 가정을 파괴하는 문제임을 절실하게 느낄 수가 있었다.

우리들 주위에는 너무도 많은 적들이 포진하고 있다. 그 중에서도 특히 이간질의 명수인 사탄은 성도들끼리, 목회자와 교인들이 화목해하는 것을 도무지 볼 수 없기에 적당한 대상자들을 골라 지금도 계속해서 작업을 하고 있음을 알아야 한다.

여리고에서 만난 소경 바디매오가 예수님을 향하여 '다윗의 자손 예수여 나를 불쌍히 여기소서!' 라고 간절히 부르며 예수님께 가까이 나아가기를 원했을 때, 앞서가는 사람들이 저를 꾸짖으며 조용히 하라고 예수님께 나아가는 것을 방해했던 것과 같이, 방해꾼들이 오늘날 교회 안에 많이 있음을 알아야 할 것이다. 혹시나 자신이 복음사역과 교회 성장의 방해꾼은 아닌지 깊이 생각해 보아야 하지 않을까?

> 여리고에 가까이 오실 때에 한 소경이 길가에 앉아 구걸하다가 무리의 지남을 듣고 이 무슨 일이냐고 물은대 저희가 나사렛 예수께서 지나신다 하니 소경이 외쳐 가로되 다윗의 자손 예수여 나를 불쌍히 여기소서 하거늘 앞서 가는 자들이 저를 꾸짖어 잠잠하라 하되 저가 더욱 심히 소리질러 다윗의 자손이여 나를 불쌍히 여기소서 하는지라
>
> (누가복음 18:35-39)

33

빼앗길 수 없는 권리

예수쟁이들은 그 누구보다 많은 특권을 가지고 사는 사람들이다. 그러나 하나님의 은혜를 헤아릴 수 없이 많이 받았음에도 불구하고 그 귀함을 모르고 살아가는 사람들을 많이 볼 수 있다. 인생으로서는 도무지 해결할 수 없는 죄의 문제가 하나님의 일방적인 선물로 해결되었기에 오히려 감사하고 기뻐해야 함에도 오히려 당연한 것을 받은 것처럼 생각하는 파렴치범들이 많이 있는 것이다.

사도 바울은 예수님을 만나 구원의 기쁨을 소유한 후에 세상의 그 어떤 소식보다 귀한 뉴스(복음)를 가지고 팔레스타인과 소아시아와 로마를 향해 쉴 틈 없이 달렸다. 그는 예수님을 만난 후 모든 삶을 섬김의 범주 속으로 밀어 넣고 있다. 말씀의 가르침, 전도, 구제 등 원수들까지도 섬김의 자세로 대하고 있다. 이렇듯 섬김은 아무나 할 수 없다. 주님을 사랑하는 자들만이 가지는 특권인 것이다. 섬김의 도를 익힌 사람은 언제나 기쁨과 즐거움으로 섬긴다. 섬기기 위해 소요되는 시간과 물질, 정력, 이 모두를 아까워하지 않고 그에 대한 불평과 원망도 없다. 오직 십자가의 사랑이 그로 하여금 이 모든 문제를 삼켜버리도록 하기 때문이다.

그러므로 참된 섬김은 그 누구에게 인정받으려는 마음까지도 배제하는 것이다. 인정받으려는 욕심을 제거할 때 그 섬김은 빛을 발할 수 있다.

예수님께서 예루살렘으로 가시는 도중 마르다라는 여인의 집을 방문하시게 된다. 예수님을 모시게 된 마르다는 여러 가지 음식 준비를 위해 마음이 산란하였으나 여동생 마리아는 예수님 곁에서 말씀듣는 일에만 열중하고 있었다. 이를 보고 마르다는 예수님께 불만을 터뜨린다. "예수님, 내 동생이 모든 일을 나 혼자 하도록 내버려두고 있는데 그냥 보고만 계십니까?" 이에 대해 예수님은 "마르다야, 네가 많은 일로 염려하고 있구나. 각자에게 필요한 것은 한 가지 뿐이듯이 마리아 역시 좋은 편을 선택했으니 아무에게도 빼앗기지 않을 것이다" 라고 말씀하신다.

자신의 봉사를 주님께서는 인정하실 줄 알았는데 오히려 마리아의 입장을 이해해 주시는 예수님이 야속하게 여겨졌는지 모르

나, 사실 주님은 봉사의 참된 도를 깨우쳐 주신 것이다. 예수님을
집에 모신 마르다는 내심 주님으로부터 자신의 봉사에 대해 인정
받으려는 마음이 있었다고 볼 수 있다. 그러나 주님은 그의 마음
을 아셨던 것이다. 그 뿐만 아니라 자신의 봉사에 동생까지 동참
시켜 좀 멋있는 대접이 되고자 하는 마음으로 불평하였으나 어떤
이유에서든 봉사와 불평은 어울릴 수 없다는 사실을 알 수 있다.

   남들이 하니까 하는 식의 봉사는 반드시 문제를 일으키고 만다.
또한 봉사는 자신을 과시하거나, 질투로부터 시작될 때에 그 결
과가 좋지 못함을 알아야 한다. 오늘날 많은 직분자들이 직분을
섬김의 자세로 받지 못하고, 자신을 과시하고 인정받으려는 도구
로 사용하고 있음은 참으로 가슴 아픈 일이다. 독생자이신 예수
님까지 보내주신 그 사랑에 감격하여 죽도록 헌신하고 섬겨야 할
우리가 섬김을 가지고 또 다른 흥정을 하며, 섬기라고 주신 직분
까지도 섬김을 받는 이용물로 전락시키는 모습은 정말 안타까운
모습이라고 할 수 있다.
   참된 봉사는 아무나 할 수 없는 특권이다. 오직 하나님을 사랑
하는 자들만이 할 수 있는 아무에게도 빼앗길 수 없는 권리이다.
모세의 봉사와 바울의 봉사를 그 아무도 흉내낼 수 없고, 브리스
길라와 아굴라의 섬김이 귀하게 기억되는 이유는 봉사가 주님을
향한 참된 사랑과, 그 권위에 대한 무조건적인 순종으로부터 소

유하는 특권이기 때문이다. 그저 남이 하니까 나도 할 수 있다는 자세는 하나님 사랑을 내 욕심으로 오염시키는 또 하나의 범죄임을 알아야 한다.

　사랑하는 성도들이여!

　지금 현재 당신이 하고 있는 봉사가 어떤 상태인지 깊이 생각해 본 적이 있는가? 참된 봉사는 나 자신도 잊고, 다른 사람도 잊고 오직 예수님의 십자가만 사랑하는 자가 소유할 수 있는 최고의 특권임을…

> 너희 중에는 그렇지 아니하니 너희 중에 누구든지 크고자 하는 자는 너희를 섬기는 자가 되고 너희 중에 누구든지 으뜸이 되고자 하는 자는 너희 종이 되어야 하리라 인자가 온 것은 섬김을 받으려 함이 아니라 도리어 섬기려 하고 자기 목숨을 많은 사람의 대속물로 주려 함이니라
>
> (마태복음 20:26-28)

예수님의 34 진노

예수님은 죄 많은 인간을 보시면서 언제나 안타까워 하셨다. 성경에는 인간을 긍휼히 여기시는 예수님에 대해 많이 기록하고 있다. 예수님 앞에 선 수많은 죄인들은 그분의 사랑에 감격하여 눈물을 흘렸다. 예수님은 언제나 사랑이셨다.

그러나 바리새인들을 향한 예수님의 태도는 너무나 엄격하셨다. 그들에게는 너무나 심각한 문제점들이 많이 있었기 때문이다. 예수님께서 지적하신 그들의 잘못을 보면 얼마나 심각한 병에 들어 있었는지 알 수 있다.

1) 자신들이 최고의 의인이라고 생각하였다. 그 누구의 말도 귀 담아듣지 않았다(눅 16:14-15).

2) 외적인 의에 치중했다(눅 7:36-50).

3) 의식적인 율법만을 강조했다(마 15:1-9).

4) 남을 무시하고 비판을 잘했다(눅 11:53-54).

5) 사람들로부터 인정받고 대접받기를 좋아했다(마 23:5-7).

6) 돈을 좋아했다(눅 16:14).

어느 날 예수님은 자기가 의롭다고 믿고 기도하는 바리새인의 기도와, 자신의 죄를 회개하며 감히 하늘을 쳐다보지도 못하고 기도하는 세리의 모습을 보면서 둘 중에 세리가 의롭다고 인정하셨다. 자신의 죄를 솔직하게 인정하는 사람의 손을 올려 주신 예수님은 오늘도 솔직한 죄인들을 찾고 계실 것이다.

예수님은 바리새인들의 잘못을 보고 그냥 지나치지 않으셨다. 그들에게 지나칠 정도로 책망하셨다. 뱀들, 독사의 새끼들(마 23:33), 소경(마 15:12-14), 마귀의 자식(요 8:44) 등… 특히 예수님의 책망 중에 가장 강도 높은 책망 중의 하나인 "회칠한 무덤 같은 자들"(마 23:27)이라는 말씀은 참으로 생각만 해도 몸서리치는 말씀이 아닐 수 없다.

무덤 속에 있는 시체를 생각해 보자. 그곳은 정말로 더러운 곳이다. 상상할 수 없는 악취와 온갖 더러운 벌레들이 그 곳에 모여 있지 않겠는가? 나 자신은 주님으로부터 어떤 판정을 받는지 두렵다. 당신은 어떤가?

뱀들아 독사의 새끼들아 너희가 어떻게 지옥의 판결을 피하겠느냐

(마태복음 23:33)

35

집사

교회를 웬만큼 다녔다 싶으면 주위의 사람들이 묻는 질문이 있다. "집사님이십니까?" 교회를 오랫동안 다녔으면 집사 정도는 되어야 한다고 생각하고 있는 것이 일반인들의 생각이다.

그런 이유 때문인지 교회 출입 2-3년 만에 집사 되는 것을 별로 대수롭지 않게 여기고 있는 사람들을 많이 볼 수 있다. 어떤 교회는 등록 교인이 300명에 직분자가 120여명에 이르는 것을 보면서 직분자 홍수시대라는 것을 실감할 수 있었다.

오래 전 겨우 십일조 생활을 갓 시작한 어떤 젊은 형제가 서리 집사에 임명된 후 집사가 무엇이며 도대체 어떤 일을 해야 하는 지를 몰라 곤혹스러워하던 기억이 난다. 직분이 무엇 때문에 주

어지는지를 전혀 모르는 상태에서 집사 임명이 된 후의 부작용이
란 강 건너 불 보듯 뻔 하지 않은가?

오늘날 직분 때문에 일어나는 여러 가지 사건들을 보면서 교회
의 타락이 바로 이 문제에서부터 시작된다고 해도 과언이 아닐
것이라는 생각을 한다.

직분에 대해 잘못 인식하고 있는 자들 중에는 직분을 통해 자신
의 명예욕을 채우고자 하는 자들이 많다. 세상에서 억눌리고 짓
밟힌 보상을 교회의 직분을 통해 채워보려는 것이다. 이런 자들
이 직분자가 되면 앞뒤 생각지 않고 설치고 다닌다. 직분을 벼슬
처럼 권리로만 착각하고 과시용으로 생각하게 된다. 그리하여 하
나님의 사역에는 관심이 없고, 오직 자신의 장식용 도구로 생각
하므로 결국 수많은 형제들에게 상처만 입히고 마는 결과를 가져
온다. 이런 심리를 잘 아는 어느 여집사가 집을 사기 위해, 다른
교회 성도에게서 집을 사면서 집주인에게 "장로님, 집값 좀 싸게
해 주세요"라고 장로칭호를 붙인 덕에 집을 싸게 살 수 있었다고
한다.

또한 직분을 자신의 소유물 정도로 생각하는 사람들이 있다. 기
분에 따라 직분을 귀하게 여기기도 하고 오히려 짐으로 여기는
경우도 있다. 직분이 자신의 소유인 것처럼 착각하여 마음대로
다루어 버리는 것이다.

이웃교회에서 일어난 일이다. 직분을 임명한 그 다음 주일 낮 예배 헌금시간에 기이한 헌금봉투가 올라왔다. "집사 반납 감사 헌금" 웃을 수도 울 수도 없는 참으로 기막힌 일이 아닐 수 없다. 시골 교회를 시무한 어느 선배 목사님은 전도사 때에, 권찰로 임명받은 어느 여성도가 찾아와서 "전도사님 제가 너무 바쁘니까 심방 다니는 권찰보다는 집사로 좀 바꿔 주이소"라고 말하더라는 것이다.

직분은 결코 소유물이나 자신의 욕심을 채워주는 대상이 아니다. 뿐만 아니라 자신의 마음을 맞추어 주는 장식품도 될 수 없다. 오직 하나님의 일을 위해 하나님께서 주시는 섬김의 기회로 인간이 소유할 수 있는 최고의 기쁨인 것이다. 그러기에 직분을 받은 자는 소중히 여기고 겸손히 섬김의 도를 다해야만 한다.

예수님께서는 직분에 대한 모범을 가르치셨다. "인자의 온 것은 섬김을 받으려 함이 아니라 도리어 섬기려 하고 자기 목숨을 많은 사람의 대속물로 주려 함이니라" 직분은 섬기기 위함이며, 섬김에는 "나"라는 이기심은 완전히 배제되어야만 한다.

집사의 관계원어인 디아코노스(diakonos)는 디아코(diako)라는 "심부름을 가다"에서 유래하였는데 이는 "시종인"으로 식탁이나 다른 천한 일에 시중드는 사람이란 뜻이다. 결국 섬김의 자세가 안 되어 있는 자가 직분자가 되었을 때 자기 배만 채우는 자신의 집사로 전락하고 자신의 손해에 대해 민감하여, 하나님 사역에는 관심 없고, 오직 대접 받고 권리를 행사하는데 만 민감하게 된다. 이렇게 되면 그 교회는 다툼과 당 짓는 일로, 주님의 명령인 복음 전파는 뒷전으로 밀려나게 될 것이다.

초대 교회에서 집사를 임명할 때에는 반드시 하나님의 사역에 필요한 일꾼으로 사용하기 위함이었다. 그 목적을 보면, 구제를 관리하기 위해 일곱 집사를 임명했고(행 6:16), 그 선택의 기준은 성령과 지혜가 충만하여 칭찬받는 자들을 선택했다. 이들 일곱 집사 중 스데반은 최초의 순교자가 되는 영광을 소유했고(행 7:59-60), 빌립은 전도자로서 유명하였다(행 21:8).

자신이 직분자의 자격이 있다고 생각 되는 시간이야말로 전 생애를 통해 가장 위기임을 알아야 할 것이다. 하나님께서 필요하다고 생각하시면 우리의 의사와는 관계없이 사용하실 것이며, 스스로를 자격자라고 아무리 높은 점수를 주어도 직분은 하나님께서 주시는 것이기 때문이다. 가령 자기 욕심에 의해 직분을 받았다 해도 그것은 자신을 섬기는 도구로 사용될 수밖에 없다.

인간의 방법으로 왕위를 빼앗은 왕들의 결과가 좋지 못했듯이 직분 역시 하나님의 뜻에 맡길 때 비로소 하나님께서는 귀하고 아름답게 사용하실 것이며 그 결과 역시 상급으로 연결된 것이다. 또한 이런 심리를 이용하여 직분으로 성도들의 마음을 맞추어주거나 또 다른 목적에 다이얼을 맞추는 목회자들이 있다면, 이 역시 하나님의 종으로 자격이 부족한 자가 아니겠는가?

그 때에 제자가 더 많아졌는데 헬라파 유대인들이 자기의 과부들이 그 매일 구제에 빠지므로 히브리파 사람을 원망한대 열두 사도가 모든 제자를 불러 이르되 우리가 하나님의 말씀을 제쳐 놓고 공궤를 일삼는 것이 마땅치 아니하니 형제들아 너희 가운데서 성령과 지혜가 충만하여 칭찬 듣는 사람 일곱을 택하라 우리가 이 일을 저희에게 맡기고 우리는 기도하는 것과 말씀 전하는 것을 전무하리라 하니 온 무리가 이 말을 기뻐하여 믿음과 성령이 충만한 사람 스데반과 또 빌립과 브로고로와 니가노르와 디몬과 바메나와 유대교에 입교한 안디옥 사람 니골라를 택하여 사도들 앞에 세우니 사도들이 기도하고 그들에게 안수하니라

(사도행전 6:1-6)

교회 내의
36
친목단체

    요즘 사람들은 말세라는 말에 아무런 거부감 없이 오히려 친근감을 느끼며 살아간다. 그러나 정작 말세에 필요한 선악에 대한 분별력은 무디어져 가고 있다. 문제는 교회 내에까지도 이런 풍조가 들어와 적당주의로 흘러가고 있다는 것이다.

    O. J. 스미드는 이런 세태에 대해 이렇게 말하고 있다. "세속이 교회화 되고 교회가 세속화되어서 둘 중의 하나를 구별한다는 것은 거의 불가능하게 되었다. 구별선이 얼마나 희미하게 되었는지 한 때는 부흥의 불길이 불던 교회, 깊고 독실한 신앙생활의 원천이던 교회가 오늘날에는 '영광이 떠났다'는 낙인을 찍는 사회적인 오락장이 되어버렸다"

교회 타락의 제일 큰 문제는 그 교회의 모임을 보면 금방 알 수 있다. 친목이라는 미명 아래 모여서 먹고 마시고 놀고, 즉 자신들의 마음에 맞게 시간들을 허비하는 것이다. 이런 모임이 잦아지면 이 모임은 세상의 친목단체와 똑같은 현상이 나타나게 된다.

결국 자신의 이권에 도전하는 어떤 진리도 거부할 수 있기 때문이다. 아무리 잘 만들어진 조직이라도 그 조직이 누구의 뜻에 의해 움직여지는가에 따라 그 결과도 달라진다.

교회 내의 모든 모임은 예수님의 뜻에 의해 움직여져야 하고 그 주관자들은 청지기나 제자 이상의 생각을 해서는 안 되는 것이다. 교회 내 각 전도회의 일 년 보고서를 보면 몇 명 전도했느냐에 초점이 맞추어진 것이 아니라 어떤 사업이 성황리에 잘 끝났는가에 제일 큰 비중을 두고 있다. 이는 그 모임의 성격이 본래의 뜻에서 크게 이탈해 있음을 보여 주는 것이다. 어떤 모임이든지 성도들의 모임이라면 그 모임은 반드시 열매를 맺어야 한다. 그러기 위해서는 말씀과 기도로 모임이 진행되어야하고 성령의 인도하심을 받아야 한다.

교회가 하나 되어야 한다는 원리를 내세우신 예수님의 뜻을 이해하기 위해서는 예수님의 행적을 주의 깊게 살펴볼 필요가 있다. 행적 중 주님께서 주관하셨던 모임은 언제나 건설적이었다. 분쟁이 없었고, 상처의 치유를 위해 온 힘을 기울이셨다. 성도들의 모임에서 남을 비판하고 정죄하는 재판정이 개설되고, 이를 호기심 있게 생각하며 모여드는 영적 어린아이들을 실족케 한다면 그 행위는 결코 주님 앞에서 용서받을 수 없을 것이다. 물론 우리의 모임은 그렇지 않다고 변명할지 몰라도 그 열매가 증명해주므로 잠시 후 모든 것이 분명하게 드러날 것이다. 그래서 사도 바울은 빌립보서 2:1절에서, "여러분은 그리스도의 사랑으로 서로 위로하며 성령으로 교제하고 있습니까?"라고 질문하며 성령의 교제가 있는 모임이 되어야 함을 강조하고 있다.

결국 성도들이 자신의 육적 쾌락을 위한 모임과 성령의 모임을 분별할 수 있다면 그들의 신앙은 성장할 것이며 주님의 바람인 성도들이 하나가 되게 하고 그리스도의 몸을 세우는데 쓰임 받을 것이다.

> 이와 같이 우리 많은 사람이 그리스도 안에서 한 몸이 되어 서로 지체가 되었느니라
>
> (로마서 12:5)

37

교회

쇼핑

중국 후한 때 악약자가 학문에 뜻을 두어 멀리 가서 공부를 하던 중, 겨우 1년 남짓하여 갑자기 집으로 돌아오니 아내가 정색을 하며 "아니 왜 벌써 돌아오셨나요?"라고 말했다. 그러자 남편은 "오랫동안 집을 떠나 있었더니 그리워서 집으로 돌아왔소"라고 말했다. 이 남편의 말이 끝나기 무섭게 아내는 지금까지 짜고 있던 틀의 베를 툭 낧어버렸다. 악약자는 놀라서 그 이유를 물으니 아내가 말했다. "당신이 중도에 학문을 그만두고 돌아오는 것은 제가 이 베를 끊어버린 것과 같은 일입니다. 한 치를 쌓아 한 자를 짜고 한 자를 쌓아 한 길이 되어 비로소 한 필의 베가 되는 것입니다. 학문을 그만두면 어떻게 합니까? 이 말에 크게 깨달은 남편은

7년 동안 참고 참으며 공부가 끝날 때까지 한 번도 귀가하지 않았다고 한다.

세상 학문에 뜻을 두고 있는 사람도 참고 인내하며 결실을 기다리는데, 하물며 천국 백성이라고 자부하는 자들의 조급증을 볼 때 참으로 안타깝지 않을 수 없다.

교회가 자신의 마음에 맞지 않으면 이곳저곳으로 옮겨 다니며 자신의 구미에 맞는 교회를 고르는 자들이 너무도 많음은 한심스러운 일이다. 교회는 내 마음을 맞추어 주는 곳이 아니라 예수님의 마음을 맞추어 드려야 하는 곳이다.

자신의 성격이나 고집 때문에 교회를 옮기는 자들의 대부분의 내용을 살펴보면,

1) 자신의 공로를 인정받지 못할 때

2) 자신의 허물이 드러났을 때

3) 목회자에 대한 거부감

4) 자신의 위치가 흔들릴 때

5) 이웃 형제들과 문제가 발생했을 때(미움, 시기 등) 등이다.

이상과 같은 이유로 교회를 옮겨가는 사람들은 얼마가지 못해서, 또 다른 교회로 옮겨 다니며 신앙의 반항아들이 되고 만다.

이런 사람들은 교회나 목회자에 대한 거부감을 가지고 교회가 썩었다느니 목회자가 문제라느니 떠들고 다니지만, 실상은 자신

이 더 큰 문제아인 것을 전혀 알지 못한다. 이러한 부정적인 신앙 태도는 그 이웃의 친구들까지도 물들이는 결과를 가져오게 된다.

언젠가 교계에서 인정받는 어느 목사님이 한 말이 기억난다. "한 우물만 팝시다. 너무 깊이 파 흙덩이에 파묻혀 죽는 한이 있어도, 그러면 반드시 샘물이 나올 것입니다."

"교회는 다 그렇지 뭐"라고 말하기에 앞서, 나 자신 하나라도 바로 서면 하나님께서 귀하게 사용하신다는 사실부터 알아야 할 것이다.

우리 주님께서는 결코 자신의 만족을 위해 교회 쇼핑을 즐기는 구경꾼들을 원하시지 않는다. 구경꾼들은 시간이 지나면 모두 떠나가기에 이런 자들을 데리고 주님께서는 아무 일도 하시지 않음을 알아야 할 것이다.

다른 이들도 너희에게 이런 권을 가졌거든 하물며 우리 일까보냐 그러나 우리가 이 권을 쓰지 아니하고 범사에 참는 것은 그리스도의 복음에 아무 장애가 없게 하려 함이로라

(고린도전서 9:12)

38

인기

배우들

하나님의 나라에서 크게 쓰임 받는 사람들이 변함없는 충성을 가진 사람들이라면, 이와는 반대로 변하기 잘하는 사람들은 복음 사역에 걸림돌이 된다. 옳고 그름을 분명히 안다고 할지라도 실천하지 못하면 아무런 유익이 없다. 이런 자들은 사람들과의 관계에서 인기에 영합하여 사람들의 마음을 잘 맞추어 주지만 정작 하나님의 편에서는 담대하게 서지 못하기 때문이다.

또한 언제나 상황 판단을 잘하여 이 사람에게는 이렇게 말하고 저 사람에게는 저렇게 말하는 이중적인 성향 때문에 주위의 많은 사람들이 고통을 당한다는 사실에 주의를 기울여야 할 것이다. 영적으로 어린 자들은 이들에게 미혹되어 정상적인 신앙생활을 할 수 없기 때문이다.

특히 이들의 특성은 정상적인 양육을 가로막는 것이 가장 큰 문제라고 할 수 있다. 가르치는 목사 사이에 비집고 들어와 비신앙적이고 자기중심적인 주장에 동조하게 만들고, 같은 성도라는 동질감을 이용해서 정상적인 영적 성장을 못하도록 가로막는데 큰 문제가 있는 것이다.

대체로 성도들은 말씀을 통한 훈련을 싫어하고 자신의 주장에 동조해 주는 사람과 함께 적당히 신앙생활을 하고 싶어 한다. 더 나아가 동조자들은 초신자들의 신앙문제를 대변해 주는 대변자로까지 탈바꿈한다.

가령 목사가 예배에 꼭 참석해야 한다고 강조하면 옆에서 듣고 있던 이 사람은 그 사람의 상황에 동조하며, "어려우시면 주일 낮 예배만 나오세요"라고 말하는 것이다. 그리고는 하나님께서 마땅히 드려야 할 십일조에 대해서도 다음에 형편이 넉넉하면 하라는 식으로 말한다. 결국 이런 우유부단하고 약삭빠른 동조자들 때문에 파생되는 결과는 겉으로 보기에는 별것 아닌 것같이 보이지만 사실은 영혼을 서서히 죽이는 결과를 초래한다.

이런 자들은 관객을 즐겁게 해주는 인기 있는 배우의 역할은 충분히 할지 몰라도 예수님의 제자로서는 전혀 쓸모가 없는 자들이다. 이들은 "교회는 하나"라는 주님의 절대 명령에 역행하는 작업을 자신도 모르게 하고 있으며, 이는 결과적으로 사탄의 박수를

받은 대단히 위험한 일이다. 이런 의미에서 잠언 기자가 강조한
다.

"무릇 지킬 만한 것보다 더욱 네 마음을 지키라"(잠 4:23)는 말
씀은 자신의 마음을 지키지 못할 때의 파멸을 예고하는 것이다.

문제는 나 자신도 모르는 사이 두 마음을 품음으로 사탄의 박수
를 받는 일을 할 수 있는 나약한 인간이기에 매일 성령님의 인도
와 말씀을 통한 지혜를 달라고 기도하는 현명한 자가 되어야 할
것이다.

> 오직 너희 말은 옳다 옳다, 아니라 아니라 하라 이에서 지나는 것은 악으
> 로 좇아 나느니라
>
> (마태복음 5:37)

위장된 **39**
바른 소리

  예수님은 바리새인들을 향하여 "독사의 자식들", "회칠한 무덤 같은 자들"이라는 말씀을 담대하게 하셨다. 불의한 자들을 보고 잘못을 지적하고 통탄하신 예수님의 소리야말로 오늘을 살아가는 현대인들이 귀 기울여야 할 바른 소리인 것이다.

  교회 내에서도 바른 소리가 필요하다. 그런데 과연 바른 소리의 기준을 어디에다 두어야 할까? 그 기준은 하나님의 말씀이다. 사람들은 하나님을 기쁘시게 해드리기 위해 갖가지 사역을 통해 헌신하며 봉사한다. 그런데 이 순수한 헌신과 봉사가 위장된 바른 소리라는 힘에 밀려 그 기능이 소멸되는 때가 많음을 알아야 한다.

겉으로 보기에는 바른 소리처럼 보이나 그 이면에는 자신의 욕심이나 이해관계를 연결 짓고 있는 나의 소리가 더 많이 떠돌아 다니는 시대인 것이다. 특히 교회에서 그런 경우를 많이 본다.

오래 전의 일이다. 교회 내에서 구제와 봉사를 입버릇처럼 떠들고 다니는 사람들이 있었다. 그들은 구제와 봉사를 자신들의 만족을 위한 취미로 생각하는 사람들이었다. 자연히 그들은 많은 사람들로부터 호감과 찬사를 받게 되고 그들의 발언권이 교회 내에서 큰 비중을 차지하게 되었다.

그런데 그들은 교회에서 하는 어떤 사역이든 물질을 필요로 하는 일에는 언제나 제동을 걸었다. 그리고는 이렇게 말했다. "우리 교인들 형편이 아직 그런 일을 할 만큼 여유가 없어요. 그 일은 교인들을 시험 들게 하는 요인이 됩니다." 사역을 하려고만 하면 언제나 똑같은 말이었다. 이 말은 자신의 호주머니 사정을 계산하고 하는 말이 아니라고 말할 수 없는 것이다.

내 믿음이 그 일을 할 정도가 되지 않으니 다른 사람을 위하는 척 하면서 주의 일을 언제나 가로막는 것이었다. 그런데 이 위장된 바른 소리에 대해 믿음이 없는 직분자들은 마음속으로 "역시 저 집사는 우리 호주머니 사정을 잘 알아주는 우리의 대변자야!"라고 생각하며 은근히 감사해 하는 것이다. 그리고 그들에게는 주의 사역을 추진하려는 목사나 장로들이 착취자로 보일 수 있는 것이다. 결국 이런 '위장된 바른 소리'는 믿음 없는 자들을 모아서 당을 짓는 결과를 가져오기도 한다.

바른 소리는 반드시 필요하다. 그러나 그 바른 소리가 하나님의 영광을 나타내고 하나님을 기쁘시게 해드릴 때 비로소 바른 소리라는 판단을 받을 수 있다. 또한 이 바른 소리를 하는 자는 자신이 두 마음을 품지 아니했는지, 정말 바른 소리를 할 수 있을 만큼 나 자신은 말씀 안에서 순종하며 주님을 사랑하는지를 깊숙이 생각해 보아야만 할 것이다. 왜냐하면, 위장된 바른 소리는 언제나 불화를 일으키고 사탄의 이용물이 되기 때문이다.

사람들의 생각으로는 아무리 합리적이고 이치에 맞는다고 해도 하나님 보시기에 아름답지 못하다면 그 소리는 바른 소리가 될 수 없다.

하나님의 명령을 어기고 사울왕이 아말렉과의 전쟁에서 빼앗은 탈취물에 대하여 하나님께 제사 드리기 위해서 좋은 양과 소를 취했다고 변명할 때에 "순종이 제사보다 낫다"고 하면서 하나님의 징벌을 경고하던 선지자 사무엘의 모습은, 인간의 이치에 맞는 바른 소리일지라도 하나님의 법을 어기면 하나님으로부터 버림을 받을 수 있다는 냉엄한 경고이다. 그러므로 우리는 경계해야 한다.

욕심이 포함된 바른 소리를…

잘못을 변명하는 바른 소리를…

이웃을 선동하는 바른 소리를…

결국 이 모든 것은 복음 전파를 가로막는 위장된 바른 소리들이다.

그 옛날 사울왕의 변명섞인 바른 소리는 오히려 하나님께서 그의 어떤 제사도 거부하셨고 그에게 주어진 영광된 왕의 자리에서까지 쫓아내셨음을 기억해야만 할 것이다.

> 사무엘이 가로되 여호와께서 번제와 다른 제사를 그 목소리 순종하는 것을 좋아하심같이 좋아하시겠나이까 순종이 제사보다 낫고 듣는 것이 숫양의 기름보다 나으니
>
> (사무엘상 15:22)

기독인의 **40**

엘리트의식

　430년간 광야생활에서 이스라엘 백성들이 터득한 진리가 있다
면 바로 엘리트 의식이라고 말할 수 있을 것이다. 그들을 노리던
수많은 적들과 고난 속에서 특별하게 인정하시고 보살펴 주시는
창조주 하나님의 각별한 사랑을 받은 자부심이 바로 엘리트 의식
으로 발전하게 된다.

　수많은 상처와 고난을 보면서도 좌절하지 않고 역사를 이룰 수
있었던 그 힘이 바로 여기서부터 생기게 된 것이다. 이러한 엘리
트 의식을 가지기 위해서는 먼저 하나님에 대한 확신이 전제되어
야만 한다. 확신은 스스로 파생될 수 없고 순종하는 자들이 소유
할 수 있는 축복이라고 말할 수 있다. 하나님께서는 이런 자들에

게 구체적인 사건과 말씀을 통해 약속을 해주시는 것이다.

약속을 받은 사람들을 보면 그 대표적인 사람이 바로 아브라함이라고 말할 수 있다. 철저한 순종을 통해 받은 축복은 그의 생애 여러 군데에서 발견할 수 있다(창 13:16, 15:5). 이후 그는 100세에 아들을 얻고 하나님께 아들 이삭을 제물로 드림으로 그의 믿음이 하나님으로부터 결정적으로 인정받게 된다. 조카 롯과 벌어졌던 다툼의 소지를 대범한 결정으로 해결할 수 있었고 조카 롯을 위기에서 구해줄 수 있는 일들을 하게 된다.

이런 일련의 사건들을 통해 그는 하나님의 선민이라는 엘리트 의식을 소유하게 된 것이다. 그 외에도 많은 신앙의 사람들에게서 이런 엘리트 의식을 찾아볼 수 있다. 야곱과 모세, 여호수아, 그리고 이스라엘의 2대왕이었던 다윗에게서 이러한 모습들을 발견할 수 있다. 그런데 이들은 모두 한결같이 하나님의 약속을 받았고, 확신을 소유하였다는 점을 유의 깊게 보아야 할 것이다.

성경을 보면 이들이 엘리트 의식을 가질 수 있었던 근거를 찾을 수 있다. 야곱에게는 창세기 28장 15절에서 "내가 너와 함께 있어 네가 어디로 가든지 너를 지키며 너를 이끌어 이 땅으로 돌아오게 할찌라 내가 네게 허락한 것을 다 이루기까지 너를 떠나지 아니하리라"고 하셨고, 이스라엘의 지도자 모세에게는 "너는 마음을 강하게 하고 담대히 하라 그들을 두려워 말라 그들 앞에서 떨지 말라 이는 내 하나님 여호와 그가 너와 함께 행하실 것임이라 반드시 나를 떠나지 아니하며 버리지 아니하시리라"고 신명기 3:6절에서 약속 하셨던 것이다.

또한 모세의 뒤를 이은 새로운 지도자 여호수아 역시 가나안 정복이라는 과업을 앞에 놓고 하나님의 음성을 듣는다. "너의 평생에 너를 능히 당할 자 없으리니 내가 모세와 함께 있던 것같이 너와 함께 있을 것임이라 내가 너를 떠나지 아니하며 버리지 아니하리니 마음을 강하게 하라 담대히 하라 너는 이 백성으로 내가 그 조상에게 맹세하여 주리라 한 땅을 얻게 하리라"(수 1:5-6)

엘리트 의식을 가졌던 이스라엘 백성들에게서 우리가 본받아야 할 것은 바로 철저한 소명감이다. 그들은 무엇을 해야 하며, 어떤 목적 속에 살아야 하는가를 알았다. 목적이 없고 해야 할 일을 모르는 사람같이 딱한 사람도 없을 것이다. 우리는 주위에서 할 일 없어 빈둥거리는 사람들을 보면 참으로 한심스럽다고 생각한다. 바로 이 소명감이 없는 사람들 때문에 사회가 병들고 하나님 나리의 시역이 손상을 받는다는 사실에 유의해야 한다.

예수님께서 가장 중요하게 생각하신 것 역시 이 소명감이다. 마태복음 9:37-38절에 보면 제자들에게 "추수할 것은 많되 일꾼은 적으니 그러므로 추수하는 주인에게 청하여 추수할 일꾼들을 보내어 주소서 하라"고 말씀하심을 통해 알 수 있다.

소명감이 있을 때 비로소 하나님께서 사용하시고 기뻐하신다. 하나님께서 나를 선택하시고 나를 향해 세계로의 도전을 요구하고 계신다는 사실이 얼마나 복되고 감사한 사실인지를 알고 있는 사람들은 합당하게 인생을 투자할 수 있다. 이스라엘 백성들의 강점은 바로 여기에 있었던 것이다.

오늘을 살아가는 그리스도인들에게 결여된 것이 바로 이 엘리트 의식이다. 교회를 10년, 20년 다녀도 도무지 소명감도 없고 하나님의 자녀만이 가지는 엘리트 의식이라고는 조금도 찾아볼 수 없는 흐리멍텅한 그리스도인들 때문에 자칭 세상의 엘리트들이 오히려 교회 안에서 활개 치는 것이 아니겠는가?

이에 제자들에게 이르시되 추수할 것은 많되 일꾼은 적으니 그러므로 추수하는 주인에게 청하여 추수할 일꾼들을 보내어 주소서 하라 하시니라

(마태복음 9:37-38)